Dorothea Schibor
Inge Weichert

Sprachspiele

mit Beispielen in
Russisch, Englisch, Französisch

5. Auflage

Volk und Wissen
Verlag GmbH · Berlin

Autoren:
Dorothea Schibor (Leiterin)
(Spielanleitungen, englischsprachiger Teil)

Inge Weichert
(russisch- und französischsprachiger Teil)

Redaktion: Ingrid Eitlinger,
unter Mitarbeit von Sibylle Forst, Gerda Kant

Wir danken Frau Dietrich, Frau Selfe und Frau Sacharowa
für die sprachliche Beratung.

Schibor, Dorothea:
Sprachspiele : mit Beispielen in Russ., Engl.,
Franz. / Dorothea Schibor ; Inge Weichert. –
5. Aufl. – Berlin : Volk u. Wissen, 1992. –
109 S. : Ill.
NE: 2. Verf.:

ISBN 3-06-592201-0

Printed in Germany
Satz: INTERDRUCK Leipzig GmbH
Druck: Druckerei „G. W. Leibniz“, Gräfenhainichen
Einband und Illustrationen: Sybille Storch
Typographische Gestaltung: Manfred Schütz

Inhaltsverzeichnis

Verwendete Abkürzungen

L = Leiter des Spiels (oder Lehrer)

S = Spieler (oder Schüler)

A = Mannschaft A

B = Mannschaft B

R = russischsprachiges Beispiel

E = englischsprachiges Beispiel

F = französischsprachiges Beispiel

Vorwort

Unermüdliches Üben ist beim Erlernen einer Fremdsprache von großer Bedeutung. Um sprachlichen Übungen einen neuen Reiz zu verleihen, ist der Einsatz von vielfältigen Spielformen zu empfehlen. Sprachspiele können dazu beitragen, die Freude am Gebrauch der Fremdsprache zu erhöhen; sie fördern die Selbständigkeit der Schüler und regen auch zurückhaltende Schüler zu aktiver Mitarbeit an; sie dienen der Auflockerung des Unterrichts und sind für die außerunterrichtliche fremdsprachige Zirkelarbeit unentbehrlich.

Spiele können mit unterschiedlichen didaktisch-methodischen Funktionen eingesetzt werden. Sie können der Festigung und Systematisierung von Kenntnissen dienen; sie können Automatisierungs- und Anwendungsfunktion haben. Sie sind Formen indirekten Lernens, bei denen die Lernenden die Fremdsprache gebrauchen, um bestimmte Spielziele zu erreichen, z. B. einen Gegenstand zu erraten, erster oder letzter zu sein, Punkte zu gewinnen u. ä.

Die vorliegende Publikation wendet sich vornehmlich an Fremdsprachenlehrer und bietet vielfältig einsetzbare Spiele.

Jede Darstellung eines Spiels beginnt mit einer Beschreibung des Spielverlaufs in deutscher Sprache.

Den meisten Spielbeschreibungen sind Beispiele für einen möglichen Spielverlauf oder für die zu verwendenden sprachlichen Mittel in den Sprachen Russisch, Englisch, Französisch zugeordnet. Am Seitenrand wird neben der Fachbezeichnung auch auf den steigenden Anforderungsgrad aufmerksam gemacht. Ist das Spiel nicht gekennzeichnet, kann es für Anfängergruppen empfohlen werden. Eine Kennzeichnung mit ** weist die Spiele mit einem relativ hohen Anforderungsgrad aus.

Der Anhang enthält eine Sammlung spieltypischer Wendungen, mit deren Hilfe zahlreiche Spiele durchgängig fremdsprachig gestaltet werden können, sowie ein ausführliches Stichwortverzeichnis, das dem Nutzer helfen soll, möglichst schnell ein geeignetes Spiel zu finden.

Für den Einsatz von Spielen seien noch einige Empfehlungen gegeben:

- Eine Häufung von Schwierigkeiten sollte vermieden werden. Erfordern der Inhalt der Äußerungen und die sprachliche Formu-

lierung hohe Konzentration, so sollten die Spielformen vertraut oder unkompliziert sein.
- Satzmuster oder lexikalische Hilfen, die an die Tafel geschrieben werden, können zum zügigen Spielverlauf und zur Korrektheit der Schüleräußerungen beitragen.
- Bei Spielen, die die freie Verwendung sprachlicher Mittel in einer kommunikativen Situation erfordern, muß das Sprachmaterial sicher verfügbar sein.
- Spielregeln sollten in deutscher Sprache erläutert werden. Im Spielverlauf notwendige Aufforderungen sollten dagegen in der Fremdsprache erfolgen (siehe dazu auch das Verzeichnis spieltypischer Wendungen auf S. 100).

Die Spiele in diesem Heft können nur Anregung sein. Sicherlich wird jeder Lehrer eigene Ideen entwickeln, um Spielformen zu variieren oder auf andere als die vorgeschlagenen Sach- und Sprachstoffe anzuwenden. Hierbei kann das Stichwortverzeichnis (S. 104) Unterstützung geben.

Die Autoren hoffen, daß die angebotenen Spiele dazu beitragen, die Freude am Erlernen von Fremdsprachen zu vergrößern und die Entwicklung der Sprachbeherrschung zu fördern.

Dorothea Schibor
Inge Weichert

Wir raten

1 Ratet, was es ist!

Ein Mitspieler denkt sich einen Gegenstand aus und schreibt die entsprechende Bezeichnung dafür zur späteren Kontrolle an die verdeckte Tafel. Der thematische Bereich, aus dem das Wort ausgewählt wird, kann vorher genannt oder durch Mitspieler erfragt werden. Die anderen erraten den Gegenstand, indem sie der Reihe nach Entscheidungsfragen stellen. Jeder Mitspieler darf so lange fragen, bis eine Frage mit „nein" beantwortet wird. Wer den Gegenstand erraten hat, denkt sich den nächsten aus. Das Spiel kann auch auf der Grundlage von Bildmaterial und als Mannschaftswettkampf durchgeführt werden.

Beispiele:

R

		S_1	Отгадайте, что это.
S_2	Это «она (он, оно)»?	S_1	Да, она.
S_2	Она в школе?	S_1	Да, в школе.
S_2	Она в классе?	S_1	Да, в классе.
S_2	Она висит на стене?	S_1	Нет.
S_3	Она лежит на столе?	S_1	Да, на столе.
S_3	Это ручка?	S_1	Да, ручка.

R**

		S_1	**Отгадайте, какое здание я имею в виду.**
S_2	**Это здание находится в нашем городе?**	S_1	**Да, в нашем.**
S_2	**Это современное здание?**	S_1	**Нет, не современное.**
S_3	**Значит, это достопримечательность нашего города.**	S_1	**Да, достопримечательность.**
S_3	**Вокруг этого здания красивый парк?**	S_1	**Нет.**
S_4	**Это здание (оно) находится в центре нашего города?**	S_1	**Да, в центре.**
S_4	**Может быть, это наша ратуша?**	S_1	**Да, точно, наша ратуша.**

		S_1	I'm thinking of a thing in the classroom. Guess what it is.	**E**
S_2	Is it in your case?	S_1	No, it isn't.	
S_3	Is it on the table?	S_1	Yes, it is.	
S_3	Is it white?	S_1	No, it isn't.	
S_4	Is it black?	S_1	Yes, it is.	
S_4	Is it your pen?	S_1	That's right.	

		S_1	I'm thinking of something in our town. Guess what it is.	**E***
S_2	Is it a street?	S_1	No, it isn't.	
S_3	Is it a building?	S_1	Yes, it is.	
S_3	Is the building as big as our school?	S_1	No, it is bigger than that.	
S_4	Do people work there?	S_1	No, they don't.	
S_5	Can you buy things there?	S_1	No, you can't.	
S_6	Do people go there after work?	S_1	Yes, they do.	
S_6	It's a cinema, isn't it?	S_1	No, it isn't.	
S_7	Then it must be the theatre.	S_1	That's right.	

		S_1	Qu'est-ce que c'est? Devinez.	**F**
S_2	C'est dans notre classe?	S_1	Oui.	
S_2	C'est sur ma table?	S_1	Non.	
S_3	C'est sur la table du professeur?	S_1	Oui.	
S_3	C'est un livre?	S_1	Oui.	
S_3	C'est le livre de français de Monsieur X?	S_1	Oui, c'est ça.	

		S_1	Je pense à un bâtiment.	**F***
S_2	C'est un bâtiment dans notre ville?	S_1	Oui.	
S_2	Est-ce qu'on travaille dans ce bâtiment?	S_1	Non.	
S_3	Est-ce qu'on peut y voir des films?	S_1	Oui.	
S_3	Alors, c'est le cinéma «Rio»?	S_1	Oui, c'est ça.	

2 Ratet, was ich zeichne!

Der Spielleiter zeichnet einen Gegenstand an die Tafel. Während die Zeichnung entsteht, raten die Mitspieler, welcher Gegenstand es werden könnte. Wenn die Zeichnung vollendet ist, erhält der Mitspieler, der zuerst die zutreffende Bezeichnung genannt hat, einen Pluspunkt für seine Mannschaft. Für das Spiel kann auch eine Klappfolie oder eine auf Projektionsfolie gezeichnete Skizze, die allmählich aufgedeckt wird, benutzt werden.

Beispiele:

R *L* Отгадайте, что я рисую.
$S_{1,2,3}$ ...:
букву «М», стакан, стул, ...?
дверь, письмо, дом, ...?
телевизор, магазин, школу, ...?
фабрику.

E *L* What am I drawing?
$S_{1,2,3}$ ...:
an apple, an orange,
a tomato, a cheese,
a face, ...?
a ball, a clock, a mirror,
a lamp, a record, ...?
two apples, glasses,
two wheels, a car, ...?
a bicycle.

F *L* Qu'est-ce que je dessine?
$S_{1,2,3}$ ...:
une porte, un livre,
un jardin, ...?
une fenêtre,
une maison, ...?
une école.

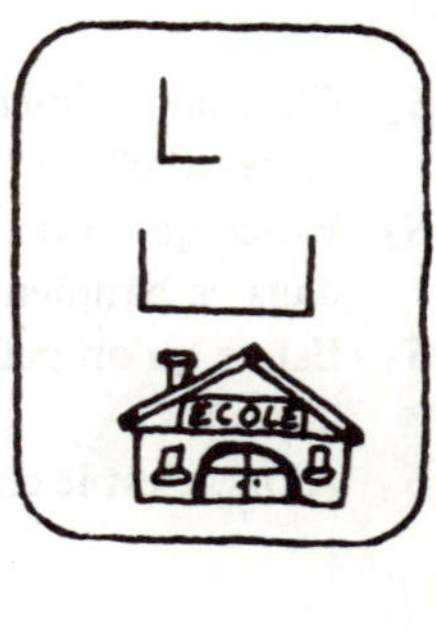

3 Ratet, was ich gekauft habe!

Der Spielleiter deutet durch Gesten Form und Verwendungszweck eines Gegenstandes an, den er gekauft, vergessen, gefunden oder geschenkt bekommen hat. Die Mitspieler stellen Fragen, um den Gegenstand zu erraten. Wer ihn herausgefunden hat, denkt sich den nächsten aus. Die Ausgangssituation sollte bei jedem Spiel verändert werden.

Beispiele:

L Недавно я был(-а) в Берлине. Отгадайте, что я купил(-а). **R***
$S_{1,2,3}$ ... (*durch Zuruf oder der Reihe nach*):
Ты купил(-а) пальто? блузку? пластинки? брюки? ...

Veränderte Ausgangssituation:

L Я ехал(-а) в поезде. Отгадайте, что я там забыл(-а).
(чемодан, сумку, пальто, книгу, газету, билет на поезд, ...)

L У моего брата был день рождения. Отгадайте, что я ему подарил(-а). (пластинку, книгу, конфеты, цветы, ...)

L I went to Berlin last week. Look, what I bought there. **E***
$S_{1,2,3}$ ... (*durch Zuruf oder der Reihe nach*):
It's a coat. Did you buy a jacket?
You bought a shirt, didn't you? ...

Veränderte Ausgangssituation:

L I went for a walk in the park yesterday.
Look, what I found there.

L Last Monday was my birthday. Look, what I got as a present.

L Je suis allé à Berlin. Regardez ce que j'ai acheté. **F**
$S_{1,2,3}$ ... (*durch Zuruf oder der Reihe nach*):
Vous avez acheté une serviette? des livres? un disque?
un ballon? ...

Veränderte Ausgangssituation:

L J'ai fait une promenade dans le parc.
Regardez ce que j'ai trouvé.

4 Ratet, was im Zimmer ist!

Der Spielleiter wählt vor Spielbeginn aus einer größeren Anzahl von Bildapplikationen einige Einrichtungsgegenstände für ein Zimmer aus. Die Mitspieler sollen erraten, mit welchen Gegenständen das Zimmer eingerichtet werden soll. Die Applikationen von richtig erratenen Gegenständen werden an die Tafel geheftet. Wenn das Zimmer fertig „eingerichtet" ist, prägen sich die Mitspieler die Gegenstände ein und wiederholen bei verdeckter Tafel aus dem Gedächtnis, was sich im Zimmer befindet (sie können auch sagen, was nicht vorhanden ist). Richtige Aussagen werden mit Punkten bewertet.

Beispiele:

R

		L	Это моя комната. Угадайте, какая мебель там стоит.
S_1	В твоей комнате есть стол?	*L*	Да, есть.
S_1	А стулья есть?	*L*	Есть, два стула.
S_1	И кресло есть?	*L*	Нет, кресла в моей комнате нет.
S_2	Тахта есть в твоей комнате?	*L*	Есть.
S_2	Шкаф есть?	*L*	Нет, шкафа там нет.
S_3	А полка есть?	*L*	Да, есть книжная полка.
.....			

В этой комнате есть тахта, большой стол и два стула.
В комнате нет кресла и нет шкафа, но есть книжная полка ...

L Look, this is my new room. Guess what I've got in my room. **E**

S_1 Have you got a bed in your room? — *L* No, I haven't.

S_2 Is there a couch in your room? — *L* Yes, there is.

.....

In Peter's room there is a couch and an armchair. He has got a small table with a vase on it. There is no picture on the wall ...

L Ça, c'est la chambre de mon frère. Qu'est-ce qu'il y a dans cette chambre? Devinez. **F**

S_1 Il y a une armoire dans cette chambre? — *L* Oui.

S_1 Il y a un lit? — *L* Non, il n'y en a pas.

S_2 Il y a des chaises? — *L* Il y en a quatre.

.....

Dans la chambre du frère de René, il y a une table avec quatre chaises, une armoire ..., mais il n'y a pas de lit.

5 Ratet, welche Stadt das ist!

Die Mitspieler legen den Namen einer Stadt fest, die erraten werden soll. Ein Mitspieler, der währenddessen den Raum verlassen hat, errät den Namen der Stadt aus den Beschreibungen der anderen nach einer vorher festgelegten Anzahl von Aussagen.
Bei der Beschreibung der Stadt sollten zuerst allgemeine Aussagen getroffen werden, bevor Besonderheiten genannt werden.

Beispiele:

R** *L* Отгадайте, какой это город.
S_1 Что вы знаете об этом городе?
S_2 Это город в России.
S_3 Он находится на севере (в европейской части) страны.
S_4 Город стоит на реке.
S_5 Там много интересных достопримечательностей.
S_6 Город был сильно разрушен во время войны.
. . . . .
S_{10} В городе всегда много туристов, особенно в картинной галерее/Эрмитаже.
S_1 Я думаю/по-моему, это город Санкт-Петербург.

E** *L* We are thinking of a town. Guess which town it is.
S_1 What can you tell me about the town?
S_2 It's a town in Great Britain.
S_3 It's north of London.
S_4 It's one of the most beautiful towns in Britain.
S_5 There are many old buildings, famous museums and a modern university in that town.
. . . . .
S_{10} It is situated on the River Ouse.
S_1 Then the town must be York.

F* *L* On va parler d'une ville.
S_1 Qu'est-ce que vous savez de cette ville?
S_2 C'est une ville de France.
S_3 La ville a, avec sa banlieue, plus d'un million d'habitants.

S_4 C'est une ville qui a un port important.
S_5 La ville se trouve dans le Sud de la France.
S_6 La ville est située sur la Méditerranée.
. . . . .
S_{10} Une rue très animée de cette ville s'appelle la Canebière.
S_1 Vous parlez de Marseille.

6 Ratet, wer es ist!

Ein Mitspieler (eine Mannschaft) denkt sich eine allen Mitspielern bekannte Person aus. Die anderen Mitspieler erraten diese, indem sie Entscheidungs- oder Bestimmungsfragen stellen.

Beispiele:

R**

S_1 Отгадайте, кого я имею в виду.

S_2 Это мужчина?
S_1 Да, мужчина.

S_2 Он живёт в России?
S_1 Нет, не в России, а в Кыргызстане.

S_3 Может быть, это учёный?
S_1 Нет, не учёный.

S_4 Это писатель?
S_1 Да, писатель.

S_4 Он написал рассказ «Джамиля»?
S_1 Да (, он написал этот рассказ).

S_4 Это Чингиз Айтматов.
S_1 Правильно, это он.

B / **A**

A_1 Мы думаем об одном товарище по классу. Отгадайте, кого мы имеем в виду.

B_1 Это юноша или девушка?
A_2 Юноша.

B_2 По каким предметам у него единицы?
A_3 По математике и физике.

B_3 Чем он занимается в свободное время?
A_4 Он часто играет в волейбол.

B_4 Он играет на каком-нибудь музыкальном инструменте?
A_5 Да, на гитаре.

B_5 По-моему, это Миша.
A_6 Правильно (Да), Миша.

E*

S_1 Guess which person I'm thinking of.

S_2 Is it a child?
S_1 No, it isn't.

S_3 Is it a man or a woman?
S_1 It's a man.

S_3 Does he work at our school?
S_1 No, he doesn't.

S_4 Do we know him from TV?
S_1 I'm sure, you do.

S_4	Is it a famous actor?	S_1	Yes, it is.
S_4	Is it …?	S_1	Yes, it's …

	B		**A**
		A_1	We are thinking of one of our classmates. Guess who it is.
B_1	Is it a girl or a boy?	A_2	It's a boy.
B_2	How old is he?	A_3	He's just 13.
B_3	What does he look like?	A_4	He's not very tall. Today he's got a brown pullover on.
B_4	Which subjects is he good at?	A_5	He's good at history.
B_5	What's his hobby?	A_6	He plays the guitar.
B_6	Has he a brother?	A_7	He has two brothers.
B_7	I'm sure you are thinking of Michael.	A_8	That's right.

F**

		S_1	Je pense à une personne que vous connaissez.
S_2	C'est un garçon?	S_1	Non.
S_3	Alors, c'est une fille?	S_1	Oui.
S_3	C'est une fille de notre classe?	S_1	Non.
S_4	C'est une fille que nous connaissons par notre livre de français?	S_1	Oui.
S_4	Alors, c'est …?	S_4	Oui, c'est …

	B		**A**
		A_1	A qui est-ce que je pense? C'est une personne que vous connaissez bien.
B_1	C'est une fille?	A_2	Non, c'est un garçon.
B_2	Il a le même âge que moi?	A_3	Non, il est plus jeune.
B_3	Il a quelle taille?	A_4	Il est grand.
B_4	Comment sont ses cheveux?	A_5	Il a les cheveux longs.
B_5	Quelles matières est-ce qu'il aime?	A_6	Il aime les langues étrangères.
B_6	Alors, c'est René?	A_7	Oui, c'est lui.

7 Ratet, wer gemeint ist!

Der Spielleiter bereitet eine größere Anzahl von Kärtchen mit den Namen berühmter Persönlichkeiten vor, über die die Mitspieler Aussagen machen können. Ein Mitspieler zieht ein Kärtchen, die anderen erraten den Namen der Persönlichkeit.

Beispiele:

R**

		S_1	Это знаменитый человек. Отгадайте, кого я имею в виду.
S_2	Это мужчина?	S_1	Да, мужчина.
S_2	Он ещё жив?	S_1	Нет.
S_3	Он был русским?	S_1	Да.
S_3	Он был писателем?	S_1	Нет.
S_4	Он был учёным?	S_1	Да, учёным.
S_4	Он занимался математикой?	S_1	Да, но не только математикой.
. . . . .			
S_{10}	Московский университет носит его имя?	S_1	Да, ты прав(-а).
S_{10}	Значит, это Ломоносов.	S_1	Да, Ломоносов.

E*

		S_1	I'm thinking of a famous person. Guess who it is.
S_2	Is it a man or a woman?	S_1	It's a man.
S_3	Is he still living?	S_1	No, he isn't.
S_4	Did he live 100 years ago?	S_1	No, he didn't.
S_5	Did he live 500 years ago?	S_1	I think so.

S_6	Did he write something?	S_1	I don't think so.
S_7	Is he famous for an invention?	S_1	Yes, he is.
S_7	Was he English?	S_1	No, he wasn't.
S_8	Is his invention still useful today?	S_1	Yes, it is.
S_8	Is the thing big or small?	S_1	It's rather small.
S_9	Is it a watch?	S_1	Yes, it is.
S_9	Then the famous man must be Peter Henlein.	S_1	That's right.

F**

		S_1	On cherche une personnalité connue.
S_2	C'est une femme?	S_1	Non.
S_3	Il vit encore?	S_1	Non.
S_4	Il était Français?	S_1	Oui.
S_4	Il s'occupait surtout de politique?	S_1	Non.
S_5	. . . de chimie?	S_1	Oui.
S_5	Il a vécu au XIXe siècle?	S_1	Oui.
. . . . .			
S_{10}	C'est Louis Pasteur?	S_1	Oui, c'est lui.

8 Ratet, was in dem Paket ist!

Ein Mitspieler denkt sich aus, was für ein Gegenstand sich in einem Geburtstagspaket (einem Koffer, einer Tasche o. ä.) befinden könnte. Die anderen Mitspieler müssen ihn erraten. Der Gegenstand kann auch an die Tafel gezeichnet und mit der Applikation eines Pakets, einer Tasche oder eines Koffers verdeckt werden. Der Mitspieler, der richtig geraten hat, beginnt das nächste Spiel.

Beispiele:

R

	L Это посылка от Тани. Отгадайте, что в этой посылке.
S_1 Там ручка?	*L* Нет, не ручка.
S_2 Там матрёшка?	*L* Нет, не матрёшка.
S_3 Там конфеты?	*L* Да, конфеты.

E

	L This is a birthday parcel for Anne. Guess what's in it.
S_1 Is there a book in the parcel? (oder: I think, there is a book in the parcel. There is a book in the parcel, isn't there?)	*L* No, there isn't.
S_2 Is there a watch in the parcel?	*L* No, there isn't.
S_3 Are there some sweets in the parcel?	*L* Yes, there are.

F

	L Voilà la serviette de Nicole. Qu'est-ce qu'il y a dans cette serviette?
S_1 Dans cette serviette, il y a des livres?	*L* Non, il n'y a pas de livres.
S_2 Il y a une pomme?	*L* Non.
S_3 Il y a une trousse?	*L* Non.
S_4 Il y a des cahiers?	*L* Oui, il y a des cahiers.

9 Ratet, wie er heißt!

Jeder Mitspieler beschreibt schriftlich (in einem vorher festgelegten Umfang) eine Person, die allen bekannt ist. Dafür können zur Unterstützung auch Fragen vorgegeben werden. Einzelne Mitspieler lesen ihre Beschreibungen vor, und die anderen erraten die entsprechenden Personen. Wer eine Person erraten hat, darf nun seinen Text vorlesen. Das Spiel ist für die Arbeit in Gruppen geeignet.

Fragen:

R*

- Это мальчик или девочка?
- Сколько ему/ей лет?
- Где он/-а живёт?
- Чем он/-а занимается в свободное время?
- Что ты знаешь о его/её семье?

E*

- Is the person a man, a woman or a child?
- How old is he/she?
- What does he/she look like?
- Where does he/she live?
- What is his/her job?
- What are his/her hobbies?
- What do you know about his/her family?

F*

- C'est un garçon ou une fille?
  ... un monsieur ou une dame?
- Il/elle a quel âge?
- Où est-ce qu'il/elle travaille?
- Qu'est-ce que tu sais de sa famille?
- Où est-ce qu'il/elle habite?
- Qu'est-ce qu'il/elle fait pendant ses loisirs?

10 Ratet, wen ich sehe!

R* E* F** Für das Spiel wird ein großes Bild, auf dem viele Personen zu sehen sind, benötigt. Der Spielleiter überlegt sich, welche der abgebildeten Personen erraten werden soll. Die Mitspieler stellen entsprechende Entscheidungsfragen. Sie können z. B. Geschlecht, Alter, Aussehen, Kleidung, charakteristische Gegenstände und dargestellte Tätigkeiten erfragen.

11 Ratet, welchen Beruf ich habe!

Ein Spieler stellt eine oder mehrere für einen bestimmten Beruf charakteristische Tätigkeiten dar; die anderen erraten, welchen Beruf er meint. Wer richtig geraten hat, stellt den nächsten Beruf dar.

Beispiele:

		S_1	Отгадайте, кем я работаю.	**R***
S_2	Ты работаешь на заводе?	S_1	Нет, не на заводе.	
S_3	Ты работаешь на железной дороге?	S_1	Да, на железной дороге.	
S_3	Ты работаешь на вокзале?	S_1	Нет, не на вокзале.	
S_4	Ты работаешь в поезде?	S_1	Да, в поезде.	
S_4	Ты проводник?	S_1	Да, проводник.	
		S_1	Guess what I am.	**E***
S_2	Do you read much?	S_1	Yes, I do.	
S_2	Do you write much?	S_1	Yes, I do.	
S_2	Do you type on a typewriter?	S_1	Yes, I do.	
S_2	Do you correct mistakes?	S_1	Yes, I do.	
S_2	Do you phone other people?	S_1	Yes, I do.	
S_2	Are you a typist?	S_1	No, I'm not.	
S_3	Do you work at an office?	S_1	No, I don't.	
S_4	Do you work at home?	S_1	Yes, I do.	
S_4	Do you write books?	S_1	Yes, I do.	
S_4	Then you must be a writer.	S_1	Yes, that's right.	
		S_1	Quel est mon métier? Devinez.	**F****
S_2	Tu travailles à la gare?	S_1	Non, pas à la gare.	
S_3	Tu parles avec beaucoup de gens, pendant ton travail?	S_1	Oui.	
S_3	Tu travailles à l'école?	S_1	Non.	
S_4	Tu travailles dans un magasin?	S_1	Oui.	
S_4	Alors, tu es vendeur/vendeuse?	S_1	Oui, c'est juste.	

12 Ratet, was ich mache!

Ein Mitspieler stellt pantomimisch eine Handlung dar, die anderen erraten die Tätigkeit und/oder den Gegenstand, auf den sich die Tätigkeit bezieht.

Beispiele:

R

		S_1	Отгадайте, что я ремонтирую.
S_2	Ты ремонтируешь машину?	S_1	Нет, не машину.
S_3	Ты ремонтируешь часы?	S_1	Нет, не часы.
S_4	Может быть, радио?	S_1	Нет, не радио.
S_5	Ты ремонтируешь телевизор?	S_1	Правильно, телевизор.

Weitere Möglichkeiten:

– читать книгу, журнал, газету, стенгазету, письмо, …
– покупать хлеб, масло, продукты, подарок, сувенир, …
– говорить с другом, бабушкой, учителем, директором, …

E

		S_1	Guess, what I'm doing. (Guess what I've just done.)
S_2	Are you cleaning something?	S_1	No, I'm not.
S_3	Are you repairing something?	S_1	Yes, I am.
S_3	Are you repairing a TV set?	S_1	No, I'm not.
S_4	Are you repairing a clock?	S_1	Yes, that's right.

Weitere Möglichkeiten:

– prepare breakfast, tea, dinner, …
– buy shoes, a coat, a scarf, …
– show someone one's flat, stamps, photo album, …
– paint the walls, a cupboard, the floor, …

F*

		S_1	Qu'est-ce que je fais? Devinez.
S_2	Tu fais la vaisselle?	S_1	Non.
S_3	Tu fais la cuisine?	S_1	Oui.

S_3 Tu fais des frites? — S_1 Oui, c'est ça.

Weitere Möglichkeiten:

– acheter des vêtements, des livres, de la vaisselle, des fleurs, …
– lire un journal, un journal mural, une affiche, un livre, …
– faire du sport, de l'athlétisme, du ski, du patin; jouer au volley-ball, …

13 Ratet, wo es versteckt ist!

Ein kleiner Gegenstand wird im Klassenraum versteckt. Ein Mitspieler stellt Fragen an die anderen, um zu erraten, wo sich der Gegenstand befindet.

Beispiele:

R

S_2 Где твоя ручка? Угадай.

S_1 Она в парте? — S_2 Нет, она не в парте.

S_1 Она на столе (на окне)? — S_3 Нет, она не на столе (на окне).

S_1 Она в шкафу? — S_4 Нет, не в шкафу.

S_1 Она на шкафу? — S_5 Да, она на шкафу.

E

S_2 Where is your pen? Guess.

S_1 Is it in a case? — S_2 No, it isn't.

S_1 Is it on the table? — S_3 No, it isn't.

S_1 Is it under a chair? — S_4 Yes, it is.

S_1 Is it under Peter's chair? — S_5 No, it isn't.

S_1 Is it under your chair, Tom? — S_6 Yes, it is.

F

S_2 Où est ton stylo? Devine.

S_1 Il est dans la serviette de mon voisin? — S_3 Non.

S_1 Il est sur la table de René? — S_4 Non.

S_1 Il est dans ta trousse? — S_5 Oui, c'est juste.

14 Ratet, welches Wort versteckt ist!

Es wird ein Wort festgelegt, das erraten werden soll: ein Pronomen, eine Präposition oder eine Konjunktion. Ein Mitspieler stellt an die anderen beliebige Fragen. In ihren Antworten müssen die angesprochenen Mitspieler das vereinbarte Wort verwenden. Nach einer vorher festgelegten Anzahl von Fragen und Antworten muß der ratende Mitspieler das Wort nennen können.

Beispiele:

R* *Vereinbartes Wort: «и» (а, но, с, я, мы, ...)*

S_1 Ты любишь футбол? — S_2 Люблю. Люблю футбол и волейбол.

S_1 Куда ты идёшь? — S_3 В кино, и Таня идёт в кино.

S_1 Москва – красивый город? — S_4 Да, Москва и Санкт-Петербург красивые города.

S_1 Это слово «и»!

E* *Vereinbartes Wort: "but" (at, with, some, because, ...)*

S_1 When do you get up? — S_2 I usually get up at six, but today I didn't get up before nine.

S_1 Do you like football? — S_3 Yes, I do, but I don't play it myself.

S_1 Who is your favourite actor? — S_4 I like N best, but I haven't seen all his films yet.

S_1 I think the word is "but".

F* *Vereinbartes Wort: «mais» (et, à, de, tu, on, ...)*

S_1 Quand est-ce que tu te lèves, le matin? — S_2 Je me lève toujours à 6 h 30, mais ce matin, je me suis déjà levé à 6 h.

S_1 Tu as écouté des chansons, ce matin? — S_3 J'ai écouté la radio, mais il n'y avait pas de chansons.

S_1 J'ai trouvé le mot «mais».

Wir spielen mit Wörtern

15 Nennt passende Wörter!

Der Spielleiter nennt ein Thema, zu dem Wörter, Wortgruppen oder kurze Sätze gesammelt werden. Die Mitspieler zweier Mannschaften rufen sich gegenseitig auf oder werfen einander einen Ball zu und nennen der Reihe nach abwechselnd ein zum Thema passendes Wort. Für jedes richtige Wort erhält die Mannschaft einen Pluspunkt.

Geeignete Themen:

R В классе. В комнате. Мой день. В квартире. В магазине. На заводе. В городе.

R* На уроке. Семья. Продукты. Кинотеатр. Кто работает где? В городе. Москва.

E My family. My home. Our hobbies. Meals. At work. A party. Shopping. In a restaurant. Holidays.

E* Do it yourself. At school. At the doctor's. Famous people. London. Berlin. Theatre. Sports.

E** Industry. Agriculture.

F Notre appartement. On fait des courses. Au cinéma. A l'école.

F* Comment aller à ... Au grand magasin. A la gare. Paris. Une journée de classe.

F** Au restaurant. Chez le médecin. Sport.

16 Sammelt Wörter!

R E F

Die Mitspieler stellen sich in einem Kreis auf. Der Spielleiter nennt ein Thema, zu dem Wörter gesammelt werden sollen. Er tippt mit dem Ball auf und sagt dabei das erste Wort. Danach nennen die Mitspieler der Reihe nach bei jedem Auftippen des Balls weitere Wörter zum Thema. Wer den Takt unterbricht, scheidet aus. Wer als letzter ein Wort nennen kann, gewinnt. Geeignete Themen s. Spiel 15.

17 Wer ist schneller?

R E F

Die Mitspieler werden in zwei gleich starke Mannschaften eingeteilt. Sie schreiben nacheinander jeweils ein Wort zu einem vorgegebenen Thema an Tafeln, die so stehen müssen, daß kein Mitspieler die Wörter an der Tafel der Gegenmannschaft lesen kann. Die Mannschaft, die zuerst fertig ist oder die in einer festgesetzten Zeitspanne die meisten Wörter gefunden hat, gewinnt. Bei Fehlern gibt es einen Punktabzug. Während des Spiels dürfen die Mitspieler die Fehler ihrer Mannschaftskameraden korrigieren.

Während ein Spieler sein Wort anschreibt, liest sich der folgende bereits die bis dahin angeschriebenen Wörter durch. Auf diese Weise verläuft das Spiel zügiger. – Die Wortlisten können anschließend für Sprechübungen genutzt werden.

18 Stühlewechseln

R E F

Die Mitspieler sitzen im Kreis und wählen für sich irgendein Wort aus einer vorher bestimmten Sachgruppe aus, z. B. Zahlen, Verkehrsmittel, Berufe usw. Der Spielleiter tritt in die Mitte des Kreises und nennt jeweils zwei Wörter. Die dadurch aufgerufenen Mitspieler müssen nun die Plätze wechseln. Dabei versucht der Spielleiter, sich auf einen der frei werdenden Stühle zu setzen. Der Spieler, der keinen freien Platz mehr findet, ruft die nächsten Wörter auf. Es können auch gleichzeitig drei oder vier Wörter genannt werden.

Der Spielleiter kann auch zwei einfache Rechenaufgaben stellen. Aus den Lösungen der Aufgaben ergibt sich, welche Spieler die Plätze wechseln müssen.

19 Viele Wörter aus einem

Ein Mitspieler schreibt ein Wort an, die anderen schreiben es ab und suchen Wörter, deren Anfangsbuchstaben, von oben nach unten gelesen, das angeschriebene Wort ergeben. Die Aufgabe kann mit Einschränkungen verbunden werden, z. B. der, nur Wörter einer bestimmten Wortart, zu einem festgelegten Thema oder mit einer bestimmten Anzahl von Buchstaben zu wählen. Es kann auch die Zusatzaufgabe gestellt werden, die Wörter in einem sinnvollen Zusammenhang anzuwenden.

Beispiele:

R	стол	breakfast	carnet
	тётя	roast beef	amitié
E	окно	egg	retour
	Лена	apple	numéro
F		knife	enfant
		fork	timbre
		and	
		salt	
		tea	

20 Neue Wörter

Die Spieler erhalten Zettel mit 5 bis 10 Wörtern, aus denen sie durch die Veränderung eines Buchstaben andere Wörter bilden sollen. Um zu sichern, daß die Spieler Wörter auswählen, deren Bedeutung ihnen bekannt ist, kann zusätzlich die Übersetzung der gefundenen Wörter verlangt werden.

Beispiele:

R	стол – стул	page – wage	mois – mais
	девять – десять	pack – back	nous – vous
E*	мы – вы	cake – make	pour – tour
	наш – ваш	cost – lost	moi – toi
F*	так – как	hall – ball	

21 Wenige Buchstaben und viele Wörter

Der Spielleiter nennt den Mitspielern irgendein längeres Wort. Jeder Mitspieler muß nun aus den Buchstaben des gegebenen Wortes in vorgegebener Zeit soviel neue Wörter zusammensetzen wie möglich. Sieger wird der Spieler, der die meisten Wörter gefunden hat.

Beispiele:

Снегурочка: **R***

снег, у, урок, его, гора, с, о, к, на, ура, не, но, а,
река, ручка, час, нога, округ, он, она, ...

apprenticeship: **E***
apprentice, ship, chips, cheap, chair, can, car, case,
care, catch, centre, rent, ice, rice, nice, price,
pen, pan, pence, ten, tin, sea, seat, see, near, ear,
east, eat, hair, air, art, act, paint, part, paper,
peace, tape, tea, trip, train, ...

manifestation: **F***
nation, station, maison, mais, faim, an, et, est, nom,
non, mon, ton, son, ma, ta, sa, mes, tes, nos, si, ...

22 Welches Wort paßt nicht hinein?

Der Spielleiter nennt oder zeigt auf Projektionsfolie 4 bis 6 Wörter, die – mit Ausnahme eines Wortes – zum gleichen Thema, zur gleichen Sachgruppe oder Wortart gehören oder den gleichen Laut enthalten. Die Mitspieler müssen das nicht passende Wort nennen, darauf zeigen oder es aufschreiben. Um den Anforderungsgrad zu erhöhen, kann eine Begründung gefordert werden.

Beispiele:

R* Какое слово не подходит к другим?
- масло, сыр, хлеб, чай, **брюки**, сахар, молоко
- дом, школа, музей, **столица**, кинотеатр, фабрика
- **мяч**, стол, стул, книжный шкаф, полка, тахта
- большой, маленький, **хорошо**, знаменитый, интересный, плохой
- прочитать, собрать, выучить, перевести, **писать**, получить

E* Which word does not fit in?
- tent, lake, summer, **lesson**, fishing, camp-fire
- house, **bridge**, theatre, museum, school, library
- red, blue, green, white, **big**, yellow
- slow, quick, **well**, high, small, easy
- pan, **ball**, man, apple, camp, hand

F* Trouvez le mot qui ne convient pas:
- camping, été, feu de camp, lac, **indicatif**, ballon
- maison, théâtre, cinéma, musée, immeuble, **carnet**
- rouge, gris, **gros**, blanc, noir, jaune
- **cadeau**, gâteau, sucre, pain, pomme, glace
- regarder, **faire**, aimer, passer, aider, fermer

23 Wie heißt der Oberbegriff?

Der Spielleiter nennt drei bis vier Wörter zu einer Sachgruppe. Die Mitspieler nennen den Oberbegriff oder schreiben ihn auf. Das Spiel kann als Mannschaftskampf durchgeführt werden, wobei jeweils zwei Mitspieler in Wettbewerb treten. Wer den Begriff zuerst genannt oder an die Tafel geschrieben hat, gewinnt einen Punkt für seine Mannschaft.

Beispiele:

а, б, в, г	– буквы	**R***
школа, музей, дом	– здания	
весна, лето, осень	– времена года	
стол, тахта, шкаф	– мебель	
хлеб, масло, молоко	– продукты	
Собор Василия Блаженного, Кремль, Большой театр	– достопримечательности в Москве	
breakfast, dinner, tea	– meals	**E***
bacon, eggs, bread	– food	
guitar, trumpet, piano	– instruments	
winter, summer, spring	– seasons	
school, church, factory	– buildings	
mathematics, biology, English	– subjects	
athletics, football, swimming	– sports	
the British Museum, Trafalgar Square, the Monument	– sights of London	
one, two, three	– numbers	
April, June, December	– names of the month	
petit déjeuner, déjeuner, dîner	– repas	**F***
pain, oeufs, sucre	– produits alimentaires	
vin, limonade, eau minérale	– boissons	
école, musée, hôtel de ville	– bâtiments	
Tour Eiffel, Notre-Dame, Arc de Triomphe	– monuments à Paris	
athlétisme, rugby, volley-ball	– sports	

24 Wie heißt das Wort?

Ein Mitspieler denkt sich ein Wort aus, schreibt den Anfangsbuchstaben (bei einem längeren Wort auch den Endbuchstaben) an die Tafel und deutet mit Strichen an, aus wie vielen Buchstaben das Wort besteht. Die anderen müssen die fehlenden Buchstaben erraten. Richtig geratene Buchstaben werden eingetragen. Nicht zutreffende Buchstaben werden am Tafelrand notiert und ausgestrichen, damit nicht ein zweites Mal danach gefragt wird. Jeder Spieler darf so lange fragen, bis ein Buchstabe als nicht zutreffend zurückgewiesen wird. Der Spieler, der den letzten richtigen Buchstaben gefunden hat, denkt sich das nächste Wort aus.

Beispiele:

R Угадайте слово.

L	Какое это слово?	р – – – – – – р
S_1	В этом слове есть буква «а»?	
L	Есть.	р а – – – – – р
S_1	А буква «о» есть?	
L	Есть, даже две буквы «о».	р а – – о – о р
S_1	Буква «н» есть?	
L	Нет.	
S_2	Буква «з» есть?	
L	Есть.	р а з – о – о р
S_2	Это слово «разговор»?	
L	Правильно. Теперь возьмём новое слово!	

E

L	Guess what word I'm thinking of.	t – – –
S_1	Is there an "a" in it?	
L	Yes, there is.	t a – –
S_1	Is there an "e" in it?	
L	Yes, there is.	t a – e
S_1	Is there a "k" in it?	
L	No, there isn't.	
S_2	Is there a "p" in it?	
L	Yes, there is. Now you think of a word.	t a p e

L	C'est quel mot? Devinez.	a – – – – – – – – – – t	**F**
S_1	Il y a un «p» dans ce mot?		
L	Il y en a deux.	a p p – – – – – – – – t	
S_1	Il y a un «u»?		
L	Il n'y en a pas.		
S_2	Il y a un «e»?		
L	Il y en a deux.	a p p – – – e – e – t	
S_2	C'est le mot «appartement»?		
L	Oui, c'est ça. Maintenant c'est à vous de trouver un autre mot.		

25 Aufgepaßt!

Der Spielleiter nennt eine Reihe von Wörtern mit leicht zu verwechselnden Lauten. Vorher wird festgelegt, auf welchen Laut die Mitspieler zu achten haben. Hören sie ein Wort mit dem bestimmten Laut, so heben sie den Arm oder zeigen eine Signalkarte. Führt man die Übung als Mannschaftsspiel durch, so nennt der Spielleiter jeder Mannschaft getrennt die gleiche Anzahl von Wörtern, wobei er berücksichtigen muß, daß auch der Schwierigkeitsgrad gleich ist. Die Fehler einzelner Spieler werden als Minuspunkte für die Mannschaft gezählt.

Beispiele:

/л'/	большой, делать, журнал, Кремль, мел, сколько, стол, кресло, маленький, масло, мальчик, ...	**R**
/θ/	cinema, sights, salt, thank, say, sea, send, thirty, sing, since, thing, sit, three, sorry, thousand, ...	**E**
/ɑ̃/	banc, bon, dont, dans, sans, son, pont, sang, long, lent, camp, tant, ton, rang, quand, ...	**F**

26 Wie schreibt man es richtig?

Für das Spiel werden Kärtchen mit Wörtern, deren Schreibung Schwierigkeiten bereitet, benötigt. Die Grapheme, die die Schwierigkeiten darstellen, sind ausgelassen. Der Spielleiter hält ein Kärtchen hoch, und jeweils ein Mitspieler jeder Mannschaft schreibt das vollständige Wort an die Rückseite der Klapptafeln. Die Siegermannschaft wird nach Punkten ermittelt.

Beispiele:

R «о» или «а»?
пр – давец, справ –, – бед, – кно, к – кой, разг – вор, с – вет, п – года, д– вно, пл – хой, ...

«л» или «ль»?
по – ка, прави – но, мебе –, председате –, учите –, руб –, сто –, ...

«ж», «ш», «ч» или «щ»?
ло – ка, пло – адь, дево – ка, слу – ать, продав – ица, ...

E "ee", "ea", "e" or "eo"?
betw – n, r – d, th – se, m – l, p – ple, t –, n – d, ...

"a", "ai", "ei" or "ea"?
w – t, m – ke, – ght, str – ght, pl – te, br – k, ...

F «é», «è» oder «ê»?
le p – re, la fen – tre, l' – quipe, l'arr – t, l' – picerie, le fr – re, int – ressant, il est pr – t, d – jà, apr – s, il est pr – sent, ...

Wir spielen mit Buchstaben und Zahlen

27 Alphabetspiel

Die Mitspieler suchen Wörter mit Anfangsbuchstaben in der Reihenfolge des Alphabets, die in einen vorgegebenen Kontext passen. Die Satzmuster müssen kombinierfähige Verben enthalten, wie: kaufen, erhalten, finden, sehen, zeigen, essen, trinken. Das Spiel kann mündlich oder schriftlich und auch als Mannschaftswettkampf durchgeführt werden.

Beispiele:

R* *L* Что ты купил(-а)?
*S*₁ Я купил маленький **а**втобус для **А**нтона.
*S*₂ Я купила **б**лузку для **б**абушки.
*S*₃ ... **в**азу для **В**еры.
*S*₄ ... **г**азету для **Г**риши.
*S*₅ ... **д**ве книги для **д**едушки.

E* *L* What Christmas presents did you buy for your family?
*S*₁ I bought an **a**lbum for **A**nne.
*S*₂ I bought a **b**louse for **B**etty.
*S*₃ ... a **c**lock for **C**arol.

F* *L* Qu'est-ce que vous avez acheté?
*S*₁ J'ai acheté un petit **a**utobus pour **A**ndré.
*S*₂ Moi, j'ai acheté un **b**allon pour **B**rigitte.
*S*₃ ... du **c**afé pour ma **c**ousine.

28 Wer findet den Buchstaben?

R Der Spielleiter nennt eine Zahl zwischen 1 und 33. Die Spieler sagen leise für sich das Alphabet auf und schreiben den Buchstaben, der an der angegebenen Stelle im Alphabet steht, auf, z. B. 22 = ф, 32 = ю. Vertreter beider Mannschaften schreiben die gesuchten Buchstaben an zwei verdeckte Tafeln. Sieger ist die Mannschaft, die die wenigsten Fehler gemacht hat.

29 Wie heißt der nächste Buchstabe?

Es werden zwei gleich starke Mannschaften gebildet, die nacheinander R
das Alphabet aufsagen. Der erste Mitspieler nennt die Buchstaben-
folge bis ihm ein Fehler unterläuft (in der Reihenfolge oder Aus- E
sprache). Dann wird er durch den nächsten Spieler abgelöst usw. Es
gewinnt die Mannschaft, die die wenigsten Mitspieler benötigt hat, F
um das Alphabet in der richtigen Reihenfolge aufzusagen.
Man kann das Spiel auch bei einem Buchstaben mitten im Alphabet beginnen und, nachdem der letzte Buchstabe des Alphabets genannt worden ist, wieder von vorn anfangen.
Die Schwierigkeit wird erhöht, wenn außer dem Buchstaben noch ein Wort, das damit beginnt, genannt werden muß.

30 Wie ist die richtige Reihenfolge?

Das Spiel wird in Gruppen bis zu vier Spielern durchgeführt. Jede R
Gruppe bekommt einen vollständigen Satz gut gemischter Karten mit den Buchstaben des Alphabets, die sie möglichst schnell, nach der Reihenfolge des Alphabets geordnet, auf dem Tisch auslegen soll. Eine Gruppe kann an der verdeckten Hafttafel arbeiten. Die Gruppe, die die Aufgabe am schnellsten gelöst hat, ist Sieger. Für jeden Fehler werden 5 Sekunden zur Gesamtzeit hinzugezählt.

31 Wir zählen

Die Mitspieler zählen der Reihe nach und ersetzen dabei bestimmte R
Zahlen durch vorher vereinbarte Wörter. So können beispielsweise
alle Zahlen, die eine 7 enthalten oder/und die durch 7 teilbar sind, E
ausgelassen und durch ein anderes Wort ersetzt werden. Wer einen
Fehler macht, scheidet aus. F

32 Was kommt danach? Was steht davor?

R Der Spielleiter nennt eine Zahl. Die Mitspieler nennen schnell die darauf folgende bzw. die vorangehende und zählen zwei weiter bzw.
E zwei zurück. Der Spielleiter ruft einzelne Spieler auf. Wer falsch oder nicht schnell genug reagiert, muß aufstehen.
F Der Spielleiter kann auch einem der im Kreis sitzenden Mitspieler einen Ball zuwerfen und dabei die Zahl nennen. Wer richtig reagiert hat, darf den Ball nehmen und die nächste Zahl nennen.
Das gleiche Spiel kann man auch nutzen, um die Reihenfolge der Buchstaben im Alphabet zu üben.

33 Wer liest am schnellsten?

Die Spieler einer Mannschaft lesen nacheinander möglichst schnell und fehlerfrei die Aufgaben der folgenden Pyramide vor. Für Fehler wird je eine Sekunde zur gestoppten Zeit dazugezählt. Sieger ist die Mannschaft, die die kürzeste Zeit zum Vorlesen gebraucht hat.

E*

F*

$$9 \times 0 + 1 = 1$$
$$9 \times 1 + 2 = 11$$
$$9 \times 12 + 3 = 111$$
$$9 \times 123 + 4 = 1111$$
$$9 \times 1234 + 5 = 11111$$
$$9 \times 12345 + 6 = 111111$$
$$9 \times 123456 + 7 = 1111111$$
$$9 \times 1234567 + 8 = 11111111$$
$$9 \times 12345678 + 9 = 111111111$$

34 Zeigt die Zahl!

Eine größere Anzahl von Zahlen (Uhrzeiten, Datumsangaben) wird ungeordnet an die Tafel (oder auf eine Folie) geschrieben. **R**

E

Beispiel: **F**

Es werden zwei Mannschaften gebildet. Der Spielleiter nennt eine Zahl, und aus jeder Mannschaft zeigt ein Vertreter so schnell wie möglich darauf. Der schnellere umrandet die Zahl in der Farbe seiner Mannschaft. Nach etwa drei Zahlen werden die Spieler ausgewechselt. Die Mannschaft, die die meisten Zahlen umrandet hat, gewinnt.

35 Wann fährt der Zug ab?

R* Es werden zwei Mannschaften gebildet. Der Spielleiter nennt eine
Uhrzeit. Ein Vertreter jeder Mannschaft tritt vor und zeigt auf einer
E Uhr, die so groß sein muß, daß sie von allen Mitspielern gut erkannt
wird, die genannte Zeit oder schreibt sie an die Tafel. Für jede richtig
F verstandene Uhrzeit gibt es einen Pluspunkt. Man kann die Uhrzeit
auch in einen Kontext einbetten.

36 Schreibt die Zahlen auf!

R Es werden zwei Mannschaften gebildet. Der Spielleiter nennt mehr-
stellige Zahlen. Vertreter beider Mannschaften schreiben jeweils eine
E Zahl an eine verdeckte Tafel. Die anderen Spieler schreiben die
Zahlen ins Heft. Wenn alle einmal an der Tafel waren, werden die
F* Ergebnisse verglichen. Die Mannschaft, die die meisten Zahlen rich-
tig angeschrieben hat, gewinnt.

37 Stellt euch auf!

R Es werden gleich starke Mannschaften gebildet. Jede Mannschaft
teilt einen Satz Karten mit den Ziffern 0 bis 9 unter sich auf. Der
E Spielleiter nennt eine dreistellige Zahl, und die Mitspieler mit den
entsprechenden Ziffern stellen sich so schnell wie möglich in der
F* richtigen Reihenfolge vor ihren Bankreihen auf und halten ihre Karten
hoch. Die Mannschaft, deren Vertreter zuerst die richtige Zahl
zeigen, erhält einen Pluspunkt.

Wir merken es uns

38 Lawinensätze

Der Spielleiter nennt einen Satz, die Mitspieler wiederholen ihn (bzw. den gesamten vorher gesprochenen Text) und fügen selbst ein Wort, eine Wortgruppe bzw. einen weiteren Satz hinzu. Zur Unterstützung des Merkens können – besonders, wenn sich die Spieler stark auf grammatische Schwierigkeiten konzentrieren müssen – Applikationen oder Strichzeichnungen verwendet werden. Macht ein Spieler einen Fehler, so scheidet er aus der Spielrunde aus oder erhält einen Minuspunkt für seine Mannschaft.
In gleicher Weise kann ein Bild beschrieben werden.

Beispiele:

L В комнате стоит стол. **R**
S_1 В комнате стоят стол и стул.
S_2 В комнате стоят стол, стул и тахта.
. . . . .

L Вчера мы были в Берлине. **R****
S_1 Вчера мы были в Берлине и долго гуляли по центру.
S_2 Вчера ..., а потом поднялись на телебашню.

L In my case I have an English book. **E**
S_1 In my case I have an English book and an exercise-book.
S_2 In my case I have an English book, an exercise-book and a pen.
. . . . .

L This is a picture of a camping site. **E***
S_1 This is a picture of a camping site. In the picture I can see some tents near a lake.
S_2 This is ... A lot of young people are spending their holidays there.

L Sur ma table, il y a deux livres. **F**
S_1 Sur ma table, il y a deux livres et trois cahiers.
S_2 Sur ma table, il y a deux livres, trois cahiers et une trousse.
. . . . .

L Qu'est-ce que vous avez fait hier?
S_1 Hier, je suis allé voir mon ami.
S_2 Hier, je suis allé voir mon ami. On a écouté des disques.
S_3 Hier, ... et après on a fait des courses.

39 Im Restaurant

Die Mitspieler bilden zwei gleich starke Gruppen, „Gäste“ in einem Restaurant. Ein Spieler nimmt in der Rolle eines Kellners eine vorher festgelegte Anzahl von Bestellungen von den „Gästen“ der Gegenmannschaft entgegen und wiederholt danach, was er wem bringen soll. Für jede richtig wiederholte Bestellung erhält die Mannschaft des „Kellners“ einen Punkt.

Im Spielverlauf könnten folgende Wendungen benutzt werden:

R** Официант: Что вы будете заказывать?
Что вы будете пить?
Что вы возьмёте на закуску?
... на первое?
... на второе?

Гость: Принесите мне, пожалуйста,...
У вас есть ...?
Я возьму на второе ...

E Waiter: What can I bring you, sir (madam)?
What will you have?
What would you like?
What would you like to have?

Guest: Bring me (a tomato soup), please.
Could you bring me ...?
I'd like ...
I'll have ...
I think I'll have ...
I'll take ...
Can I have ..., please?

F** Le serveur: Vous avez (déjà) choisi?
Qu'est-ce que vous désirez comme entrée?
. . . . .
Voilà, tenez ...
Je regrette, il n'y a plus de ...

Le client: Pour moi ... s'il vous plaît.
Je voudrais ...
Moi, je prends ...

Anschließend könnte der „Kellner" die Bestellungen in folgender Weise zusammenfassen:

Официант:	Значит, салат московский и борщ для Риты, сосиски для Бориса и стакан чаю для Тани. Наш учитель заказал мороженое.	**R****
Waiter:	Christine would like a glass of orange juice. Peter is having a rice soup and Bernd a mushroom soup. I'll bring bacon and eggs for Michael and roast beef for Susan. …	**E***
Le serveur:	(J'apporte …) Une salade de tomates pour René, une bouteille de bière pour notre professeur, du rôti de porc avec des champignons pour Nicole. …	**F****

40 Einkaufen

Ähnlich wie bei Spiel 39 beschrieben kann man auch „Einkaufen“ spielen. Ein Spieler wird von den anderen beauftragt, Lebensmittel oder andere Waren einzukaufen. Er muß wiederholen, was er einkaufen soll, wieviel davon und für wen.

Beispiele:

R* S_1 Что вам купить в газетном киоске (в универмаге, в книжном магазине, в магазине «Подарки», в магазине «Продукты»)?

S_2 Купи мне, пожалуйста, ...!

S_3 Мне нужен/нужна, нужно, нужны ...

S_4 Для меня, пожалуйста, ...

S_5 Если можешь, купи/принеси мне ...

. . . . .

S_1 Я куплю почтовые марки для Лутца, открытку с видом Киева для Риты, сегодняшнюю газету для Петра и конверты с марками для Керстин.

E* S_1 I'm going to do some shopping. What do you want me to get for you?

S_2 Could you buy ... for me, please.

S_3 Would you bring me ..., please.

S_4 I'd like ...

S_5 I'd like you to get ... for me.

. . . . .

S_1 I'll buy a bottle of milk for Petra and a pound of butter for Beate, Fred wants some cheese and Kerstin wants me to buy a kilo of apples, ...

S_1 Je vais chez l'épicier. Qu'est-ce que j'achète pour vous? **F***
S_2 Je voudrais ...
S_3 Moi, je voudrais ...
S_4 Apporte-moi, s'il te plaît, ...
.....
S_1 Alors, je vais acheter deux bouteilles de limonade pour Pierre, un kilo de pommes pour Nathalie, un litre de lait pour René, ...

41 Was hat er gemacht?

Ein Mitspieler führt pantomimisch eine Folge von Handlungen vor, z. B. das morgendliche Aufstehen und Frühstücken, einen Restaurant- oder Kinobesuch o. ä. Die anderen Mitspieler merken sich die Handlungsfolge und beschreiben sie anschließend in der Fremdsprache. Führt man die Übung als Mannschaftswettkampf durch, so stellt eine Mannschaft den Pantomimen, die andere beschreibt die Handlungsfolge. Für jede richtig beschriebene Handlung gibt es einen Pluspunkt. **R*** **F***
Um zu sichern, daß die Pantomime auch dem sprachlichen Ausdrucksvermögen der Mitspieler entspricht, können die Handlungsfolgen auf einem Kärtchen vorgegeben werden.

Beispiel:

L Tell us what Susan did yesterday morning at seven. **E***
$A_{1,2,\ldots}$
Yesterday Susan got up at seven. She opened the window of her room and went to the bathroom. There she had a shower. Then she dressed and sat down at the table. She had some bread with butter/jam, an egg and a glass of milk/tea. After breakfast she packed her case, put her coat/jacket on and said goodbye to her mother.

42 Was habt ihr euch gemerkt?

R Den Mitspielern wird ein Wandbild, ein Diapositiv oder eine Folie mit einer größeren Anzahl von Einzeldarstellungen gezeigt. Sie
E haben einige Minuten Zeit, das Bild zu betrachten und sich die Bildinhalte einzuprägen. Dann wird das Bild fortgenommen, und alle
F Spieler schreiben in einer vorgegebenen Frist die Bezeichnungen der Gegenstände, Personen oder Tätigkeiten auf, an die sie sich erinnern können. Die Spieler, die die größte Anzahl von Wörtern richtig aufgeschrieben haben, gewinnen einen Pluspunkt für ihre Mannschaft.

43 Stille Post

Der Spielleiter teilt je einem Vertreter mehrerer Mannschaften flüsternd den Inhalt einer Nachricht, die ihm schriftlich vorliegt, mit. Die Nachricht wird nun von Mitspieler zu Mitspieler, ebenfalls flüsternd, weitergegeben. Der letzte Mitspieler jeder Mannschaft schreibt die Nachricht auf. Sie wird mit dem Original verglichen, und die Mannschaft, deren Nachricht die wenigsten Entstellungen enthält, bekommt einen Pluspunkt. Die nächsten Spielrunden beginnen und enden jeweils bei einem anderen Mitspieler.

Beispiele:

R* Завтра мы пойдём на дневной сеанс в кинотеатр «Дружба».
Там идёт художественный фильм «Тимур и его команда».
Будем ждать тебя в 3 часа в фойе.

E* Anne is coming on Friday, 13th May. Please meet her at 6 p m
at Central Station. She is going to stay for three weeks.

F* J'ai perdu mon porte-monnaie rouge devant le bureau de
poste de la rue Victor Hugo près de l'arrêt de l'autobus.

Wir fragen und antworten

44 Flaschendrehen

R Die Spieler sitzen im Kreis. Einer von ihnen dreht eine Flasche und stellt dabei eine Frage. Der Spieler, auf den der Flaschenhals
E zeigt, muß sie beantworten und die nächste Frage stellen. Dieses Spiel kann zur Übung der Fragebildung, aber auch als Übung im
F freien Sprechen verwendet werden. Bestimmte Fragetypen können dabei systematisch geübt werden.

45 Wer weiß Bescheid?

Für das Spiel werden Karten in zwei unterschiedlichen Farben oder von unterschiedlichem Format benötigt. Auf einem Teil der Karten stehen Fragen zu landeskundlichen oder anderen allgemein interessierenden Sachverhalten, auf dem anderen der wesentliche Teil der Antworten. Die Karten können von den Mitspielern selbst hergestellt werden, z. B. auf der Grundlage von Lesetexten.

Die Antwortkarten werden an die Mitspieler ausgegeben, die Fragekarten liegen verdeckt auf dem Tisch. Ein Mitspieler zieht eine Karte und liest die Frage vor. Wer die passende Antwortkarte hat, nennt die Antwort und zieht die nächste Fragekarte.

Beispiele:

– Где находится Одесса?	У Чёрного моря.	
– Как называется всемирно известный музей в Санкт-Петербурге?	Эрмитаж.	
– Где находится Кремль?	В Москве, в центре города.	
– Кто автор книги «Часы»?	Леонид Пантелеев.	
– What is the capital of Wales?	Cardiff.	**E***
– Which river runs through Glasgow?	The Clyde.	
– Who invented the steam engine?	James Watt.	
– When did Columbus discover America?	In 1492.	
– Quelle était la devise de la Révolution française?	Liberté! Egalité! Fraternité!	**F****
– Qui est-ce qui a écrit le roman «Le comte de Monte-Cristo»?	Alexandre Dumas.	
– Depuis quand est-ce que le Tour de France existe?	Depuis 1903.	
– Dans quelle ville française est-ce qu'il y a un comité d'amitié avec la ville d'Erfurt?	A Lille.	

46 Antwortet schnell!

Die Spieler zweier Mannschaften stellen sich gegenseitig Fragen. Ein Spieler der Mannschaft A nennt eine Frage und ruft einen beliebigen Spieler der Mannschaft B auf. Antwortet der angesprochene Spieler richtig innerhalb einer festgesetzten Zeit, so darf er die nächste Frage an einen Spieler der Mannschaft A richten. Andernfalls wiederholt der Spieler der Mannschaft A seine Frage und ruft einen anderen Spieler der Mannschaft B auf. In kleineren Gruppen können sich die Spieler auch gegenseitig einen Ball zuwerfen. Für richtig gestellte Fragen (auch Wiederholungen) und richtige Antworten werden Pluspunkte vergeben.

Vorschläge für die sprachliche Gestaltung des Spiels:

R*	– Отдел в универмаге, где можно купить блузки, брюки, пальто и т. д., это какой отдел?	Это отдел готового платья.
	– Макулатура – что это?	Это, например, старые газеты.
R**	– Скромный человек – это какой человек?	Это человек, который не любит говорить о себе и о своих успехах.
E	– What is red (blue, white, ...)?	My pullover is red.
	– What does a mechanic do?	He repairs things.
	– What do you call a man who sells things in a shop?	A shop assistant.
	– What is ... famous for?	He invented the ...
F*	– Combien font 27 + 31?	27 + 31 font 58.
	– Qu'est-ce qui s'est passé en 1789?	C'est l'année de la Révolution française.
	– Metz se trouve sur quelle rivière?	Sur la Moselle.

47 Erinnerst du dich?

Einem Mitspieler werden die Augen verbunden. Die anderen stellen ihm Fragen zur Beschaffenheit des Raumes, in dem sie sich befinden, oder zu den anwesenden Personen. Der Spielleiter kann auch Fragen zu einem Bild stellen, das man sich gemeinsam angesehen und dann verdeckt hat.
Das Spiel kann als Mannschaftswettkampf organisiert werden. Es werden Plus- und Minuspunkte gezählt.

Mögliche Fragen:

- Сколько окон (дверей, картин, карт) в нашем классе? **R***
- Сколько учеников (мальчиков, девочек) сегодня в классе?
- Что лежит на твоём столе (на столе учителя)?
- Где лежат тетради (книги, картинки)?

- How many pictures are there on the left-hand wall? **E***
- Where is our teacher's case?
- Which of us has a red pullover on?
- Who is the boy in the photo?

- Notre salle de classe a combien de fenêtres? **F***
- Dans notre salle de classe, il y a combien de tables?
- De quelle couleur est la veste de Nicole?
- Qu'est-ce qu'il y a sur la table du professeur?

48 Selbstverständlich

Die Mitspieler stellen sich gegenseitig Entscheidungsfragen, auf die mit Umschreibungen für „ja“ und „nein“ geantwortet werden muß. Gebraucht ein Mitspieler versehentlich nur „ja“ oder „nein“, so erhält seine Mannschaft einen Minuspunkt. Die zu übenden Wendungen können zur Unterstützung an die Tafel geschrieben werden.

Geeignete Wendungen sind:

R** я думаю, кажется, конечно, есть, наверно, надеюсь, нельзя, можно, не только ..., но и ..., нигде, никогда, никуда, никто, ничто, помню, боюсь, что ..., я уверен(-а), к сожалению, с удовольствием, ...

E* of course, of course not, certainly, certainly not, with great pleasure, not at all, I hope so, I hope not, I'm afraid so, I'm afraid not, I think so, I don't think so, ...

E** I'd love to, I'd like to, but ..., I'm sorry, but ..., in my opinion, ...

F** bien sûr, ça va, c'est dommage, d'accord, excellent, il me semble que, ne ... jamais, c'est juste, pas encore, pas beaucoup, quelquefois, tu as raison, sûrement, ...

Wir führen Gespräche

49 Verloren und gefunden

Die Mitspieler bilden zwei Mannschaften. Sie zeichnen je einen Gegenstand, den sie verloren haben könnten, farbig auf gleichgroße Karten oder fertigen eine Beschreibung des Gegenstandes an. (Bezeichnung des Gegenstandes, Größe, Farbe, Alter, Material, Inhalt, dazu Ort und Zeit des Verlustes.) Die Karten werden mannschaftsweise eingesammelt und an die Mitspieler der Gegenmannschaft ausgeteilt.

Die Mitspieler müssen nun durch Fragen herausfinden, wer die von ihnen verlorenen Gegenstände gefunden hat. Hat ein Mitspieler den Finder seines Verlustgegenstandes ermittelt, so erhält er seine Karte zurück, und ein anderes Mitglied seiner Mannschaft darf weiterfragen. Wird eine Anfrage negativ beantwortet, so darf der angesprochene Mitspieler nach dem von ihm verlorenen Gegenstand fragen. Es gewinnt die Mannschaft, deren Mitglieder zuerst alle verlorenen Gegenstände zurückerhalten haben.

Das Gespräch könnte wie folgt verlaufen:

E* A_1 I've lost my umbrella. Have you found one, Fred?
B_5 (Fred) Yes, I have. What does your umbrella look like?
A_1 It's blue with red flowers.
B_5 Where and when did you lose it?
A_1 I lost it in the underground last Friday.
B_5 Then this umbrella must be yours. Here you are.
A_2 I've lost my bag. Have you found one, Monica?
B_3 (Monica) I'm sorry I haven't.
B_3 I've lost my watch. Have you found one, Chris?
A_7 (Chris) Yes, I have. What does your watch look like?
B_3 It's a very small watch.
A_7 I'm sorry. Then this watch can't be yours.
A_7 I've lost ...

F** A_1 J'ai perdu mon parapluie. Tu l'as trouvé, Fred?
B_5 Oui. Ton parapluie est de quelle couleur?
A_1 Il est rouge avec des fleurs.
B_5 Quand est-ce que tu l'as perdu?
A_1 Hier, dans le métro.
B_5 Alors, le voilà, c'est ton parapluie.

A_2 J'ai perdu ma serviette. Tu l'as trouvée, Monique?
B_3 Non, je regrette.
B_3 J'ai perdu ma veste, tu l'as trouvée, Chris?
A_7 Elle est de quelle couleur?
B_3 Elle est verte.
A_7 Non, je regrette, moi, j'ai trouvé une veste grise.
A_7 J'ai perdu ...

50 Gespräche

Der Spielleiter hat eine Anzahl von jeweils zwei zusammengehörigen Karten vorbereitet, auf denen Kommunikationsaufgaben für zwei Gesprächspartner stehen. Solche Partner könnten sein: ein Verkäufer – ein Kunde, ein Kellner – ein Gast, ein Arzt – ein Patient, zwei Freunde, von denen der eine den anderen zum Besuch einer Veranstaltung einlädt, ein ortskundiger Jugendlicher – ein ortsunkundiger Ausländer o. ä. Beide Karten eines Paares tragen die gleiche Nummer. Jeder Mitspieler zieht eine Karte. Nach kurzer individueller – nicht paarweiser – Vorbereitungszeit spielen die Partner, die die gleichen Nummern gezogen haben, ihren Dialog vor.

Aufgabenstellungen könnten wie folgt formuliert sein:

a) Вы находитесь в Москве. Вы хотите купить русский сувенир. **R****
b) Вы работаете продавцом в отделе сувениров. Вы предлагаете туристам сувениры.

a) You have come to a restaurant. You are very hungry and want to have a good meal. **E****
b) You work as a waiter in a restaurant. It's already 3 p m and you can only offer cold drinks.

a) Vous êtes un étranger qui ne connaît pas le chemin pour aller à la gare (à l'arrêt de l'autobus). Vous vous trouvez devant le cinéma («International»). **F****
b) Vous expliquez à un étranger comment aller du cinéma jusqu'à la gare.

51 Was wäre, wenn ...?

Der Spielleiter fragt den ersten Mitspieler, was er unter einer bestimmten Bedingung tun würde. Der Spieler beantwortet die Frage, indem er sich eine mögliche Folge der genannten Bedingung ausdenkt. Die nächsten Mitspieler formen jeweils die genannte Folge zur Bedingung um und denken sich eine weitere mögliche Folge aus.

Beispiele:

R** *L* Сегодня плохая погода. Что вы сделали бы, если бы не было так холодно?

S_1 Если бы не было так холодно, мы пошли бы кататься на лыжах.

S_2 Если бы мы пошли кататься на лыжах, мы, наверно, встретили бы наших товарищей по классу.

S_3 Если бы мы встретили своих товарищей по классу, мы пошли бы вместе в дискотеку.

S_4 Если бы мы пошли в дискотеку, я танцевал бы весь вечер с Таней.

E* *L* What would we do if we had time today?

S_1 If we had time today, we could go for a walk.

S_2 If we went for a walk, I'd put my new shoes on.

S_3 If you put your new shoes on, you wouldn't be able to walk very far.

S_4 If Christine can't walk far, we could go to the little café in the park.

F** *L* Aujourd'hui, il fait mauvais. Qu'est-ce que vous feriez, s'il faisait beau?

S_1 S'il faisait beau, j'irais à l'entraînement de football.

S_2 Si tu allais plus souvent à l'entraînement de football, tu aurais de meilleurs résultats.

S_3 Si tu avais de meilleurs résultats, tu pourrais jouer dans notre équipe.

S_4 Si tu jouais dans notre équipe, nous gagnerions sûrement le prochain match.

Wir beschreiben und erzählen

52 In, auf, neben...

Die Spieler bilden Folgen von Sätzen, wobei sie das am Ende eines Satzes stehende Substantiv im nächsten Satz im Rahmen einer Ortsbezeichnung wieder aufgreifen. Die Mannschaft, die die größte Anzahl von Sätzen findet, gewinnt.

Beispiele:

R* S_1 В городе много больших улиц.
S_2 На улице Пушкина несколько древних зданий.
S_3 В одном из этих зданий музей.
S_4 В музее много залов.
.....

E S_1 In our town there is a museum.
S_2 Beside the museum there is a bridge.
S_3 On the bridge there is a lorry.
S_4 In the lorry there are some boxes.
.....

F S_1 Dans la classe, il y a une armoire.
S_2 Dans l'armoire, il y a un livre.
S_3 Dans ce livre, il y a un dessin.
S_4 Sur le dessin, il y a un jardin.
.....

53 Erzählerwettstreit

Ein Erzählerwettstreit kann auf folgende Weise organisiert werden: **R****
Die Mitspieler werden in zwei Mannschaften und die Mannschaften werden ihrerseits in eine gleich große Anzahl von Gruppen (2–3 Mitspieler) aufgeteilt. **E****
Je eine Gruppe jeder Mannschaft erhält vom Spielleiter dasselbe **F**** Thema für eine kurze Erzählung. Vorgaben für eine Erzählung könnten sein: die handelnden Personen, das Objekt, das den Konflikt hervorruft, und die Auflage, die Geschichte zu einem glücklichen Ende zu bringen, z. B.:

- ein junger Mann, ein junges Mädchen, eine Theaterkarte;
- ein Lehrer, ein Schüler, eine vergessene Hausaufgabe;
- eine Frau, ein Polizist, ein Koffer.

Alle Gruppen bereiten gleichzeitig in halblauter Arbeit ihre Geschichten vor. Die Gruppen, die dasselbe Thema zu behandeln hatten, erzählen, nachdem die Vorgaben noch einmal genannt wurden, nacheinander ihre Geschichten. Eine Jury legt fest, welche Erzählung besser gelungen ist. Die Mannschaft, die die meisten Einzelsieger hervorbringen konnte, gewinnt.

54 Erzählt weiter!

Ein Mitspieler beginnt einen Bericht (z. B. über eine Reise). Nach **R**** einigen Sätzen unterbricht er seinen Bericht und fordert einen anderen Mitspieler auf, ihn fortzusetzen. Es kommt darauf an, handlungs- **E**** reiche Berichte mit vielen Überraschungsmomenten zu gestalten, damit Erzähler und Zuhörer ihren Spaß daran haben. Die Zuhörer **F**** können auch Fragen an die Erzählenden richten.
Als Themen eignen sich auch: ein Einkaufsbummel, ein Theaterbesuch, eine Sportveranstaltung u. a.

55 Bildergeschichten

R** Für das Spiel werden Bildergeschichten oder Bilderfolgen in doppelter Anzahl benötigt. Die Mitspieler erhalten einzelne Bilder der Bilder-
E** folgen und finden durch Beschreiben und Erfragen der Bildinhalte gemeinsam die richtige Reihenfolge der Bilder heraus. Abschließend
F** erzählt ein Mitspieler die Geschichte oder beschreibt die Handlungsfolge. Anhand des unzerschnittenen Originals wird überprüft, ob der Inhalt der Geschichte oder die Reihenfolge der Handlungen richtig erfaßt worden ist.

Spielt man das Spiel in kleineren Gruppen, so reichen dafür auf Pappkarton geklebte und auseinandergeschnittene Bilderfolgen aus. Setzt man das Spiel im frontalen Unterricht ein, so werden die Einzelbilder in vergrößerter Form benötigt, damit sie während des Gesprächs an die Tafel geheftet werden können.

Wir begründen und stellen richtig

56 Was ist falsch?

Es werden zwei Mannschaften gebildet. Die Spieler der einen Mannschaft denken sich sachlich falsche Aussagen aus, die von der Gegenmannschaft korrigiert werden müssen. Die Entgegnungen könnten mit unterschiedlichen Wendungen eingeleitet werden, die vorher wiederholt werden müßten. Für jede richtige Entgegnung erhält die betreffende Mannschaft einen Pluspunkt.

Beispiele:

R**

A_1 Ледовый стадион «Медео» находится недалеко от Ташкента.

B_1 Что ты! «Медео» находится в Казахстане, недалеко от Алма-Аты.

B_2 Первые номера газеты «Искра» были напечатаны в Берлине.

A_2 Неправильно, первые номера газеты «Искра» были напечатаны в Лейпциге.

A_3 В Ясной Поляне, перед домом-музеем Толстого стоит памятник великому писателю.

B_3 Нет, ты не прав(-а), в Ясной Поляне нет памятника Толстому. Так хотел сам писатель.

E*

A_1 Shakespeare was born in London.

B_1 That's not correct. Shakespeare wrote his plays in London, but he was born in Stratford-upon-Avon.

B_2 Our school is the highest building in our town.

A_2 I'm afraid you're not right. The town hall is still higher.

A_3 Three months of the year have only 30 days.

B_3 I think you're wrong. April, June, September and November have 30 days.

F*

A_1 Brest est un grand port sur la Méditerranée.

B_1 Non, ce n'est pas vrai. Brest est un grand port qui se trouve en Bretagne.

B_2 L'hôtel de ville est le plus haut bâtiment de notre ville.

A_2 Ce n'est pas vrai. Le château est plus haut que l'hôtel de ville.

A_3 En France, les élèves rentrent à l'école le premier octobre.

B_3 Non, ce n'est pas vrai, ils rentrent au mois de septembre.

57 Warum?

Der Spielleiter hat Zettel in doppelter Ausführung vorbereitet, auf denen Tatsachen genannt oder Zustände beschrieben sind, die einer Begründung bedürfen. Jeder Mitspieler zieht einen Zettel und denkt sich eine Begründung für den beschriebenen Sachverhalt aus. Die Begründungen der Spieler, die die gleiche Aufgabe erhalten haben, werden verglichen und können mit Punkten bewertet werden.

Mögliche Sachverhalte:

R**

- Вы выключили телевизор через 10 минут после начала передачи. Почему?
- Бориса сегодня нет в классе. Утром его видели на автовокзале. Вы не знаете, почему он там был?
- Наташа читала письмо и вдруг засмеялась. Почему?

E**

- Little John (9) is crying. Do you know why?
- Mr Black wants to invite an old friend, but Mrs Black doesn't agree with him. Why not?
- Mr White has a look at his car and says: "What a pity!" Why?
- Bill looks very happy after opening that letter. Why?
- Charles met a young girl yesterday. He was very impressed by her. Why?
- You are angry with your best friend. Explain why.

F**

- Vous voulez monter au 10e étage. Pourquoi est-ce que vous ne prenez pas l'ascenseur?
- Vous voulez inviter votre ami(e), mais vos parents ne sont pas d'accord. Pourquoi?
- Vous voulez vendre tous vos disques. Pourquoi?
- Vous avez déjà reçu cinq lettres de votre ami(e), mais vous ne lui répondez pas. Pourquoi?

58 Argumente

R** Die Spieler zweier Mannschaften äußern entgegengesetzte Meinungen zu einem Sachverhalt und begründen sie. Die Mannschaft, die die
E** meisten Argumente findet, gewinnt.
Geeignete Themen sind: Wohnen im Stadtzentrum/im Randgebiet;
F** Wohnen auf dem Lande/in der Stadt; Urlaub an der See/im Gebirge; positive/negative Eindrücke von einer Ausstellung (einem Theater- oder Kinobesuch, einem Abend im Jugendklub, einem literarischen Werk u. a.).

59 Was ist anders?

R* Nachdem die Mitspieler ein Bild beschrieben haben, zeigt ihnen der Spielleiter eine Kopie des Bildes (auf Folie), auf der fünf Einzel-
E heiten verändert sind. Die Schüler müssen die Veränderungen herausfinden, ohne ins Buch zu schauen. Das Spiel ist als Mann-
F schaftswettbewerb geeignet und kann mündlich oder schriftlich durchgeführt werden.

Beispiel:

In the picture of our textbook the boys haven't pitched their tent yet. There's a spirit stove on the camping table and Jill has just opened the tin. Anne is eating an apple. Behind the girls' tent I can see a dog, ...

In your picture the boys have already pitched their tent. There's no spirit stove on the camping table, and Jill hasn't opened the tin yet. Anne is eating a sandwich. Behind the girls' tent I can see a bicycle. ...

60 Was hat sich verändert?

Der Spielleiter zeichnet ein Bild oder gestaltet es mit Applikationen. Die Mitspieler beschreiben es unter Verwendung von Ortsangaben. Danach nimmt der Spielleiter bei verdeckter Tafel Veränderungen an dem Bild vor, und die Spieler stellen fest, was verändert wurde. Das Spiel ist als Mannschaftswettkampf geeignet.

Beispiele:

R* *L* Смотрите, пожалуйста, что тут изменилось?
S_1 Тахта стояла слева, теперь она стоит в центре.
S_2 В центре картинки был стол, теперь там тахта.
S_3 Справа стоял шкаф, теперь он стоит у окна.

E* *L* What's different now?
S_1 You have taken the picture from the left-hand wall and hung it on the right-hand one.
S_2 You have moved the vase to the other side of the table.
S_3 The case was on the chair and now it is behind the cupboard.

F* *L* Il y a des changements, vous les voyez?
S_1 Maintenant, il y a 4 chaises dans cette salle de séjour.
S_2 Dans l'armoire, il n'y a plus de disques, il y a seulement des livres.
S_3 Maintenant, Pierre lit un livre (pas un journal).

61 Stellt es richtig!

Mit Hilfe von Applikationen werden an der Tafel Beziehungen zwischen Personen und Orten oder Objekten, auf die eine bestimmte Tätigkeit gerichtet ist, dargestellt.
Die Mitspieler formulieren die entsprechenden Aussagen und prägen sich die Sätze ein. Danach nimmt der Spielleiter Veränderungen am Tafelbild vor, und die Mitspieler stellen die Sachverhalte richtig.

Beispiele:

L Вы помните, что ребята покупают? **R**

S_1 Таня покупает не масло, а конфеты.

S_2 Борис покупает не посуду, а сумку.

.....

L Вы помните, куда ребята идут?

S_1 Таня идёт не в магазин, она идёт в школу.

S_2 Борис идёт не домой, он идёт к остановке автобуса.

.....

L Do you remember what all these people bought? **E**

S_1 Jane didn't buy a bottle of beer.
She bought a bottle of milk.

S_2 The old man didn't buy the apples.
He bought the bottle of beer.

.....

L Vous vous souvenez encore? Où vont les enfants? **F**

S_1 Jean-Luc ne va pas à l'école, il va au cinéma.

S_2 Nathalie ne va pas chez Sylvie, elle rentre à la maison.

.....

62 Gründe

Der Spielleiter bereitet auf Zetteln Beschreibungen von Handlungssituationen vor und verteilt sie an die Mitspieler. Jeweils zwei oder drei Mitspieler erhalten die gleiche Aufgabe. Nach kurzer Vorbereitungszeit tragen die Mitspieler der einzelnen Gruppen, nachdem der Spielleiter die Aufgabe genannt hat, nacheinander eine Begründung für die vorgegebene Handlungsweise vor. Eine vorher gewählte Jury stellt fest und erläutert in der Fremdsprache, wessen Begründung am überzeugendsten war.

Beispiele:

R** Я вас видел(-а) у газетного киоска. Вы купили там не сегодняшнюю, а вчерашнюю «Правду». Почему?

Вы были в книжном магазине и купили 3 экземпляра нового романа (Айтматова). Почему вы взяли три?

E** You saw someone carrying a big case. You didn't help him. Explain why not.

You want to buy a new pullover. There are two pullovers you would like to have. You choose the more expensive one. Explain why.

F** Dans un magasin, vous avez vu des enfants qui voulaient acheter des bonbons. Vous leur avez donné deux marks. Pourquoi?

Il y a deux minutes, vous avez acheté un parapluie qui ne fonctionne pas. Pourquoi est-ce que vous l'avez pris?

Wir hören und lesen

63 Wo kommst du an?

Für das Spiel wird ein Stadtplanausschnitt, auf dem auch Gebäude eingezeichnet sind (Folie, Tafelbild mit Applikationen), benötigt. Der Spielleiter beschreibt einen Weg von einem bestimmten Punkt aus, ohne jedoch das Ziel zu nennen. Die Mitspieler müssen den Weg verfolgen und das Ziel aufschreiben. Wird das Spiel als Wettkampf durchgeführt, so gewinnt die Mannschaft mit den meisten richtigen Lösungen. Ein Mitspieler der Siegermannschaft gibt die nächste Wegbeschreibung. Gegebenenfalls können sich alle Mitspieler vor dem Spiel schriftlich auf die Rolle des Spielleiters vorbereiten. Wenn es sich um die Beschreibung eines Weges in der Heimatstadt handelt, kann auch auf den Stadtplan verzichtet werden.

Beispiele:

R* Ты стоишь перед вокзалом (у вокзала). Иди сначала прямо до первой улицы, а потом налево до улицы Пушкина. Иди прямо по улице Пушкина до большой площади. Там слева универмаг, а справа ... (новый кинотеатр).

E* You start from Central Station. First go along the High Street.

Then take the second turning on the left.
Cross the road at the post office, walk past
the hospital and the school.
Now take the next turning on the right.
Go straight on till you come to a modern building.
Where are you? (at the cinema)

Vous prenez la rue de la poste jusqu'au troisième carrefour, **F****
c'est le carrefour avec des feux. Là, vous tournez à gauche
et après, vous passez devant le théâtre.
Vous traversez la place Victor Hugo, vous continuez tout droit.
Vous allez jusqu'au bout. Vous arrivez ... (au musée).

64 Was war falsch?

Der Spielleiter trägt den Mitspielern einen Text vor, der eine Reihe **R****
sachlicher Unrichtigkeiten enthält. Es kann sich um einen Bericht über ein gemeinsames Erlebnis, um die Wiedergabe des Inhalts eines gemeinsam gelesenen Textes, um die Beschreibung der Klassensituation oder eines allen bekannten Bildes o. ä. handeln. **E*** **F***
Die Mitspieler müssen die sachlichen Unkorrektheiten, die in dem Vortrag enthalten waren, herausfinden. Sie machen sich entsprechende Notizen. Führt man die Übung als Mannschaftswettkampf durch, so können die Notizen einzelner Spieler verglichen und bewertet werden.

65 Hört und zeichnet!

Der Spielleiter beschreibt eine Person oder einen Ort, an dem sich viele einzelne Gegenstände befinden, z. B. ein Zimmer, eine Straße, ein Geschäft, einen Campingplatz. Die Mitspieler fertigen nach dieser Beschreibung eine skizzenhafte Zeichnung an. Bei der Beschreibung sollten zuerst die Dinge im Mittelpunkt oder im Vordergrund des Bildes genannt werden. Die Zeichnungen einzelner Mitspieler werden vorgestellt und von den anderen in der Fremdsprache auf Vollständigkeit und Korrektheit beurteilt. **R** **E** **F**

66 Verdrehte Geschichten

Die Texte von kurzen Geschichten werden abschnitts-, satz- oder zeilenweise zerschnitten. Gruppen von mehreren Mitspielern erhalten die Textstreifen zu einer Geschichte und müssen sie so zusammensetzen, daß sich ein sinnvoller Text ergibt. Wenn erforderlich, kann auch mit dem Wörterbuch gearbeitet werden. Die Gruppe, die ihre Aufgabe als erste gelöst hat, beginnt mit dem Vorlesen der Geschichten.

Beispiele:

R** А в третьей партии я предложил ему ничью, но он не согласился.

Один человек играл со своим другом в шахматы.

Первую партию мой партнёр не проиграл.

Вот что он рассказал об этой игре:

Вторую партию я у него не выиграл.

«Это очень просто», – ответил остроумный писатель.

«Как пишутся пьесы?» – спросил кто-то однажды у

«Слева пишется, кто говорит, а справа, что говорит».

русского писателя Антона Чехова.

E*

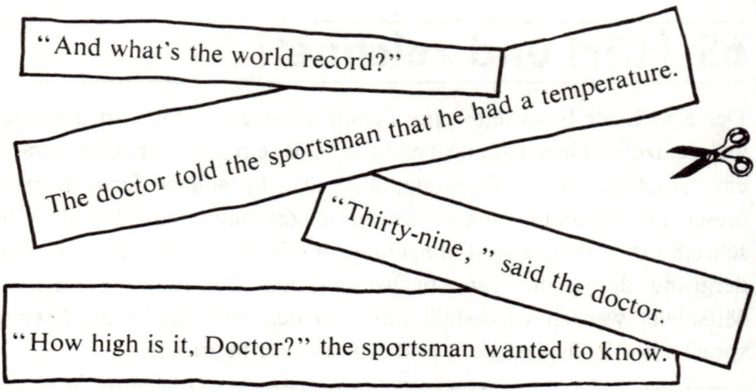

animaux quand il en demandait.
Un jour, il lui transmet par câble
le télégramme suivant:
«Ai besoin de singes. Envoyez-

tion
Un directeur de cirque avait un ami
en Afrique qui lui procurait des

cirque reçut ce télégramme:
«N'ai pu trouver les deux mille
singes. Vous en enverrai deux cents
par le prochain bateau.»

RIONS UN PEU
Importance des signes de ponctua-

m'en deux; mille amitiés.»
Malheureusement, l'employé du
télégraphe ponctua mal et envoya
ces mots:
«Ai besoin de singes. Envoyez-
m'en deux mille; amitiés.»
Un mois après, le directeur du

67 Welches Bild gehört dazu?

Für das Spiel wird eine größere Anzahl von Texten – kurze humoristische Geschichten – in doppelter Ausfertigung benötigt. Jeweils zwei Mitspieler erhalten den gleichen Text, dessen Inhalt sie durch stilles Lesen erschließen sollen. Zur Kontrolle der Verstehensleistung heftet der Spielleiter Bildkarten mit einfachen Illustrationen zu den Geschichten an die Tafel oder zeichnet selbst Skizzen an. Die Spieler müssen herausfinden, welches Bild zu ihrer Geschichte paßt. Wer seine Geschichte durchgelesen und das dazugehörige Bild gefunden hat, schreibt die Lösung auf einen Zettel und gibt ihn ab.
Derjenige der beiden Mitspieler mit dem gleichen Text, der zuerst die richtige Lösung gefunden hat, liest die Geschichte vor.

R**
E*
F**

68 Wahr oder falsch?

Der Spielleiter macht in ungeordneter Folge wahre und falsche Aussagen. Die Mitspieler beweisen, daß sie die Aussagen verstanden haben, indem sie Karten mit der Aufschrift „wahr“ oder „falsch“ (in der Fremdsprache) hochzeigen. Wer nicht aufpaßt, scheidet aus oder erhält einen Minuspunkt.
Man kann die Übung als Mannschaftswettkampf, als Wettbewerb zwischen einzelnen Mitschülern oder zwischen Spielergruppen organisieren. Die wahren und falschen Aussagen können auch vorher von den Mitspielern ausgedacht und auf Karten geschrieben werden. Auf höheren Klassenstufen können für das Richtigstellen der Aussagen Zusatzpunkte vergeben werden.

Beispiele:

R* В нашей школе 456 учеников. (правильно)
В нашем классе сегодня 22 ученика. (неправильно)
Николай Носов написал книгу
«Тимур и его команда». (неправильно)
Автор романа «Война и Мир» – Лев Толстой. (правильно)
Минск – столица Украины. (неправильно)
Киев – это город на Днепре. (правильно)

E* Monica has a red pullover on. (true)
Jane is absent this morning. (false)
April has 31 days. (false)
Today is March 13th. (true)
The capital of Scotland is Glasgow. (false)
Shakespeare wrote more than 50 plays. (false)

F** La ville d’Orléans est située sur la Seine. (pas vrai)
Rouget de Lisle a écrit
la musique de la Marseillaise. (vrai)
Paris a deux aéroports. (pas vrai)
La Tour Eiffel a été construite en 1889. (vrai)
Alexandre Dumas est l’auteur
du roman «Notre-Dame de Paris». (pas vrai)
La ville de Metz est située sur la Moselle. (vrai)

Wir fertigen Spiele an

69 Wir bilden Wörter

R* Für das Spiel werden Karten mit den Buchstaben des Alphabets benötigt. Die Anzahl der Karten mit dem gleichen Buchstaben
E hängt von dessen Vorkommenshäufigkeit in der betreffenden Sprache ab. Die Karten liegen verdeckt in der Mitte des Tisches. Jeder
F Mitspieler nimmt sich eine festgelegte Anzahl, etwa 10, und bemüht sich, aus diesen Buchstaben Wörter zu bilden. In jeder Spielrunde „kaufen“ die Spieler eine weitere Karte dazu. Es ist möglich, Buchstaben an bereits ausgelegte Wörter anzulegen oder Wörter umzugestalten. Wer seine Karten zuerst ausgelegt hat, hat gewonnen.

Die Spieler können die Wörter auch gemeinsam zusammenstellen, indem jeder der Reihe nach einen Buchstaben anlegt.

Wer keine passende Karte hat, muß eine oder mehrere kaufen. Der Spieler, der ein Wort beendet, darf das nächste beginnen.

70 Wortlegespiel

Alle Mitspieler erhalten eine größere Anzahl von Buchstabenkarten, die sie in der Weise zu Wörtern zusammenlegen sollen, daß sich ein Kreuzgitter ergibt. Beim Anlegen muß darauf geachtet werden, daß sich die Wörter nur in einem Buchstaben berühren, damit keine sinnlosen Buchstabenverbindungen entstehen.

Das Spiel kann in Gruppen von vier bis sechs Spielern oder, wenn man die Buchstabenkarten an die Tafel heftet, mit allen Spielern gemeinsam gespielt werden. Der Mitspieler, der ein Wort gebildet hat, liest es vor, buchstabiert es, gibt eine fremdsprachige Erklärung des Wortes oder bildet einen Satz damit. Wer zuerst alle seine Karten unterbringen konnte, hat gewonnen.

Stehen keine Karten zur Verfügung, so können die zu verwendenden Buchstaben an der Tafel vorgegeben werden. Das Kreuzgitter entsteht ebenfalls an der Tafel. Die benutzten Buchstaben werden ausgestrichen.

```
            В               R
            О
        П Я Т Ь
        Р
П А Р Т А     Г
        З И М А
    П О Д     З
        Н     Е Х А Т Ь
        И     Т
    К А К     А
```

```
  P   H                       E
L A K E       H
  R   R   A   A
  T   E I G H T
  Y       A
          I
          N
```

```
              c h e r                   F
              o
          d   m
    a g r é a b l e
      r   j   i
      a   à   e
p a i n       n
      d
```

71 Satzlegespiel

E Auf Karten im Spielkartenformat werden Subjekte (Personenbezeichnungen), Prädikate, Objekte, Attribute und adverbiale Bestimmungen geschrieben, die von den Mitspielern im Spielverlauf zu sinnvollen, korrekten Sätzen zusammengefügt werden sollen.

Das Spiel kann auf unterschiedliche Weise gespielt werden:

Variante I:

Jeder Mitspieler erhält die gleiche Anzahl Karten, die gemeinsam zu Sätzen zusammengestellt werden sollen. Der erste Spieler beginnt den Satz mit einem Subjekt, die nächsten fügen nacheinander Prädikat, Objekt, Attribut und adverbiale Bestimmungen an. Wer kein passendes Satzglied anlegen kann, muß sich eine oder mehrere von dem Stapel der restlichen Karten „kaufen". Ergibt ein ausgelegter Satz bereits einen Sinn, so darf der nächste Spieler, falls er ihn nicht weiter ergänzen kann, mit einem Subjekt einen neuen Satz beginnen. Es gewinnt, wer als erster alle Karten angelegt hat.

Variante II:

Man kann das Spiel auch nach den bekannten Rommé-Regeln spielen. Dabei bemüht sich jeder Spieler, seine Karten möglichst

Beispiele:

Mum	has been waiting for	the	letter
Peter	is going to repair	my	old
yesterday	our	teacher	lost

schnell in vollständigen Sätzen auszulegen. Der Spieler, der an der Reihe ist, muß eine Karte von einem Stapel aufnehmen und eine andere, die er nicht gebrauchen kann, ablegen. Spieler, die schon einen Satz ausgelegt haben, dürfen dann auch Sätze anderer Spieler erweitern.

Anmerkung:

Bei der Auswahl und Darstellung des Sprachmaterials müssen eine Reihe von Gesichtspunkten beachtet werden:
Die Wörter müssen eine hohe Kombinationsfähigkeit besitzen, damit eine große Anzahl unterschiedlicher Sätze gebildet werden kann.
Es sollten Wörter und Wortverbindungen bevorzugt werden, die besonderer Übung bedürfen, beispielsweise Präpositionen in Verbindung mit Verben (wait for) und adverbiale Bestimmungen (in the morning, by the window).
Es ist zweckmäßig, nur Sätze mit dem Verb in der 3. Pers. Sing. bilden zu lassen.
Es wird eine größere Anzahl von Karten benötigt, die bestimmte und unbestimmte Artikel, Demonstrativ- und Possessivpronomen enthalten und allen Spielern zur Vervollständigung ihrer Sätze zur Verfügung stehen. Damit sie nicht mit den übrigen Karten verwechselt werden, sollten sie ein anderes Format erhalten.

---

since Friday

radio | next week

his | watch | in the bus

72 Ein Wort mit „A“

R* E* F*

Für das Spiel werden folgende Mittel benötigt: eine Wahlscheibe, bestehend aus einer Grundscheibe mit der kreisförmigen Anordnung der Buchstaben des Alphabets und einer drehbaren Deckscheibe mit einem Fenster in der Größe eines Buchstabenfeldes der Grundscheibe sowie eine größere Anzahl von Kärtchen, auf denen Sammelbegriffe stehen.

Die Spieler sitzen um einen Tisch herum. In der Mitte des Tisches liegt die Wahlscheibe für das Alphabet. Die Kärtchen liegen verdeckt daneben. Die Mitspieler nehmen der Reihe nach jeweils ein Kärtchen auf, nennen den Sammelbegriff und drehen die Scheibe. Beim Stillstand der Scheibe bemühen sich alle Mitspieler, so schnell wie möglich ein passendes Wort, das mit dem sichtbar gewordenen Buchstaben beginnt, zu nennen. Der schnellste bekommt das Kärtchen. Findet niemand ein geeignetes Wort, so muß die Scheibe noch einmal gedreht werden. Wer die meisten Karten bekommt, gewinnt. Um das Spiel sprachlich etwas anspruchsvoller zu gestalten, kann mit jedem gefundenen Wort ein Satz gebildet werden, bevor das Kärtchen übergeben wird. Geeignete Sammelbegriffe sind z. B.:

Schulgegenstände
Unterrichtsfächer
Einrichtungsgegenstände
Berufsbezeichnungen
Eigennamen
Namen von Städten
Flüssen
Gebäudebezeichnungen
Sportarten
Arbeitsgegenstände
Körperteile
Verben
Adjektive
Präpositionen

73 Würfelspiel

Für das Spiel werden ein Spielbrett mit fortlaufenden (evtl. numerierten) Feldern, von denen ein Teil gekennzeichnet ist, eine größere Zahl von Aufgabenkärtchen, ein Würfel und mehrere Spielsteine benötigt. **R** **E**

Die Spieler würfeln und setzen ihre Steine, wobei sie laut zählen. Bleibt ihr Stein auf einem der gekennzeichneten Felder stehen, so zieht der Spielleiter eines der verdeckt auf dem Tisch liegenden Aufgabenkärtchen und liest eine Aufgabe vor. Löst der Spieler die Aufgabe richtig, so darf er die auf der Karte angegebene (oder vom Spielleiter festgelegte) Anzahl von Feldern vorrücken. **F**

Auf den Kärtchen können gleichartige Aufgaben (z. B. Rechenaufgaben oder Wörter zum Buchstabieren) oder auch Aufgaben unterschiedlicher Art und Schwierigkeit stehen.

Als Aufgaben sind sowohl alle Verfahren zur (einsprachigen) Kontrolle und zur Systematisierung lexikalischer Kenntnisse als auch solche kommunikativer Art geeignet.

74 Geschenke

R** Für das Spiel werden zwei Arten von Kärtchen benötigt. Auf dem einen Teil der Kärtchen sind Gegenstände, die man verschenken
E** könnte, abgebildet, auf dem anderen Teil stehen Personenbezeichnungen (Namen von Personen, die alle Mitspieler kennen, Lehrbuch-
F** figuren, Bezeichnungen für Familienangehörige).

Die Mitspieler ziehen der Reihe nach aus jedem Kartenhaufen eine Karte und geben eine Begründung dafür, warum sie den Gegenstand gerade dieser Person schenken wollen. Wird die Begründung von den Mitspielern abgelehnt, so müssen beide Karten zurückgelegt werden. Wer die größte Anzahl von Karten behalten durfte, gewinnt.

75 Mein Handwerkszeug

Für das Spiel werden zwei Arten von Kärtchen benötigt. Auf dem einen Teil der Kärtchen stehen Berufsbezeichnungen, auf dem anderen sind Gegenstände, die als Werkzeug oder Arbeitsmaterial dienen können, abgebildet. Die Spieler ziehen nacheinander aus jedem Haufen ein Kärtchen. Wenn die Berufsbezeichnung mit dem Gegenstand zusammenpaßt, müssen sie erklären, warum sie diesen Gegenstand für diese berufliche Tätigkeit brauchen. Andernfalls muß erklärt werden, daß Berufsbezeichnung und Gegenstand nicht zusammengehören. Wird die Begründung von den Mitspielern akzeptiert, so dürfen sie die Kärtchen behalten. Wer die größte Anzahl von Kärtchen gesammelt hat, ist Sieger. **E****

Zur Erläuterung können Wendungen gebraucht werden wie:

I need a ... to ...
This ... will be useful when ...
I could/would use this ... to ...
I can't think what use it would be.
This would be of no use to me.

76 Wissenstoto

Jeder Mitspieler bereitet zweierlei vor:

1. einen Tip-Zettel für so viele Antworten, wie die Gruppe Mitspieler hat, wobei für jede Antwort die Spalten A, B, C vorzusehen sind,
2. eine Frage zur Landeskunde, Geographie, Geschichte, Kunst oder Musik mit drei Auswahlantworten.

Die Mitspieler lesen nacheinander ihre Fragen und die Auswahlantworten vor, die anderen kreuzen die Antworten an, die sie für richtig halten.

Tip-Zettel:

	A	B	C
1.			
2.			
3.			
. . . . .			

Beispiele für Fragen:

R** 1. Высота Эльбруса А – 5248 м, Б – **5642** м, В – 5118 м?
2. А. С. Пушкин родился А – в **1799** г., Б – в 1802 г., В – в 1804 г.?
3. Первое метро в Сибири построено А – в Иркутске, Б – в **Новосибирске**, В – в Омске?

E** 1. Which is the most popular kind of sport in Britain? A – cricket, B – **football**, C – dog-racing?
2. Who is the "father" of antibiotics? A – Edward Jenner, B – Joseph Lister, C – **Alexander Fleming?**
3. When was the first radio telescope at Jodrell Bank completed? A – in **1957**, B – in 1964, C – in 1971?

F** 1. Le Tour de France existe depuis: A – **1903**, B – 1925, C – 1945?
2. «Les Misérables» – c'est un roman de: A – Zola, B – Balzac, C – **Hugo?**
3. La ville de Lyon est située sur: A – **le Rhône**, B – l'Isère, C – la Durance?

77 Zahlenlotto

Für das Spiel werden Karten mit 8–10 Feldern, in denen unterschiedliche Zahlen stehen, und eine der Gesamtzahl der Felder entsprechende Anzahl von Deckkärtchen mit den gleichen Zahlen benötigt. R E

F*

Beispiel:

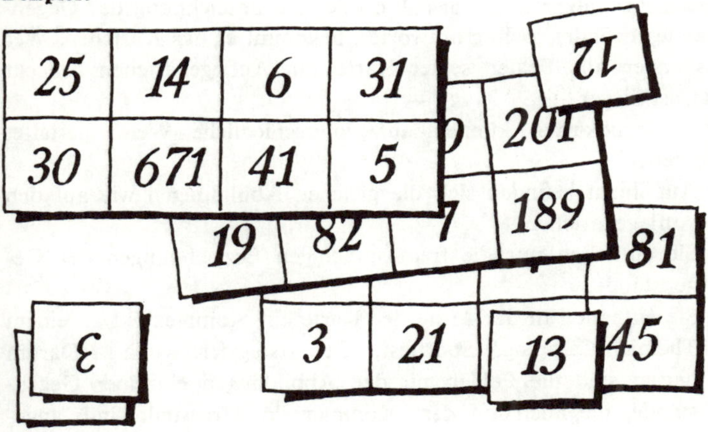

Die Karten werden an die Mitspieler verteilt, die Deckkärtchen liegen ungeordnet mit der Rückseite nach oben auf dem Tisch oder in einer Schachtel. Der Spielleiter zieht ein Deckkärtchen und liest die Zahl vor. Der Mitspieler, der die genannte Zahl auf seiner Karte gefunden hat, wiederholt sie, erhält das Deckkärtchen und deckt das entsprechende Feld damit zu. Wer zuerst alle Felder seiner Karte bedeckt hat, ist Sieger.

78 Bilderlotto

Ein Lottospiel besteht aus etwa 6 Grundkarten, die in sechs oder mehr Felder eingeteilt sind, und einer entsprechenden Anzahl von Auflegekärtchen mit Abbildungen von Gegenständen. Jeder Mitspieler erhält eine Grundkarte. Der Spielleiter hebt ein Auflegekärtchen hoch und stellt eine Frage dazu. Wenn der Spieler, auf dessen Grundkarte sich das Bild oder die Bezeichnung des Gegenstandes befindet, richtig antwortet, bekommt er das Kärtchen. Wer als erster alle Felder seiner Karte mit Auflegekärtchen bedeckt hat, ist Sieger.

Die Grundkarten können auf unterschiedliche Weise gestaltet werden:

1. Auf ihnen befinden sich die gleichen Abbildungen wie auf den Auflegekärtchen.
2. Sie enthalten nur die fremdsprachigen Bezeichnungen der Gegenstände.
3. Sie enthalten in der Mitte der Karte ein Komplexbild zu einem Thema (Camping, Sportfest, Geburtstagsfeier o. ä.). Darum herum sind die Felder mit den Abbildungen einzelner Gegenstände, die auch auf dem Komplexbild dargestellt sind, angeordnet. Wer alle einzelnen Kärtchen gesammelt hat, spricht im Zusammenhang über das Komplexbild.

Im Spielverlauf können folgende Wendungen gebraucht werden:

L:	*S:*	
Кому дать эту карточку?	Мне, пожалуйста!	**R***
Чья это «книга»?	Это моя книга.	
	Моя. Дайте мне, пожалуйста, книгу.	

L:	*S:*	
Look, what I've got here.	A book. It's mine.	**E**
Whose is it?	It's my book.	
Which of you wants to have this one?	I do. It's my book.	
Which of you has got this picture on his card?	I have. There is a book on my card.	

L:	*S:*	
Regardez. A qui est ce ...?	A moi. / C'est un(e) ..., il/elle est à moi.	**F**
Qui est-ce qui a une carte avec ce dessin?	Moi. Donnez-moi, s'il vous plaît, ...	

Die Antworten können noch durch eine Bemerkung zum Gegenstand, seinem Aussehen oder Verwendungszweck ergänzt werden.

79 Domino

Das Spiel besteht aus einer größeren Anzahl zweigeteilter Kärtchen. Jedes Kärtchen enthält 2 gleich große Felder mit Informationen, die mit Informationen auf anderen Kärtchen korrespondieren und an diese angelegt werden sollen. Sämtliche Kärtchen werden zunächst an die Mitspieler ausgeteilt. Der erste Spieler legt eine seiner Karten in die Mitte. Die Mitspieler legen nun passende Kärtchen nach beiden Seiten an. Wer alle seine Kärtchen als erster angelegt hat, hat gewonnen.
Das Spiel ist besonders für die Arbeit in Gruppen bis zu sechs Spielern geeignet.

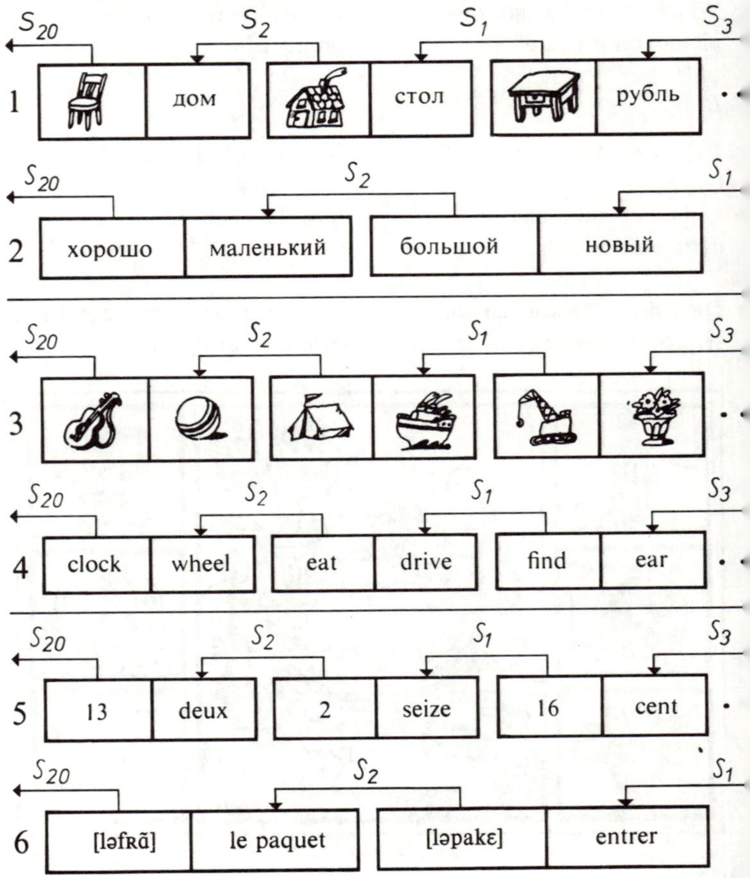

Es können aneinandergelegt werden:

- Die Abbildung eines Gegenstandes – das entsprechende fremdsprachige Wort (1)
- Zwei Abbildungen, zwischen denen sich inhaltliche Beziehungen herstellen lassen (3)
- Antonyme (2)
- Eine Zahl – das Zahlwort (5)
- Zwei Wörter mit gleichen Vokalen (4)
- Ein Wort in Lautschrift – das entsprechende Wort in Schreibschrift (6)

Die folgenden Beispiele sind auch als Muster für andere Sprachen anzusehen:

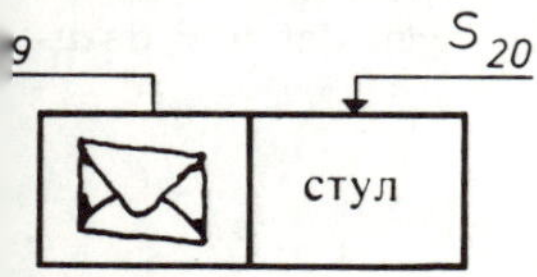

R

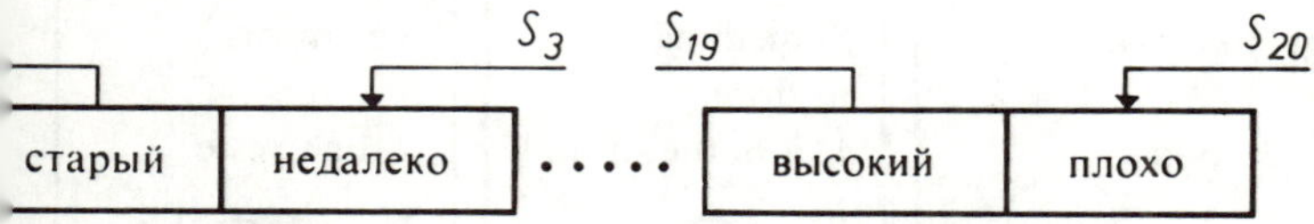

R**

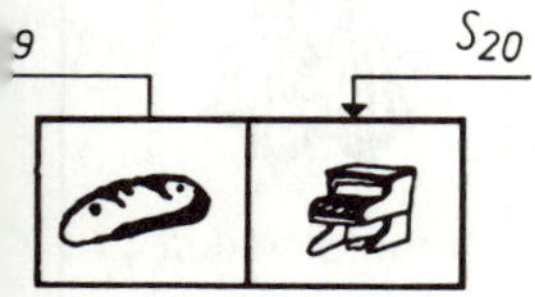

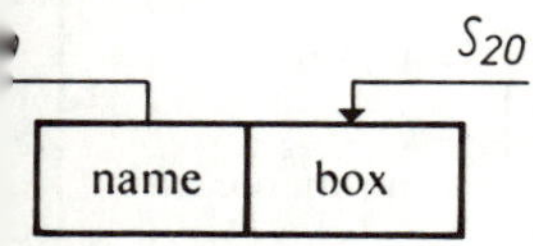

S_1 In a port there are ships and cranes.

S_2 When we go camping, we always take a ball with us.

S_3 I'm going to put a vase on the table.

S_{20} A guitar and a piano are instruments.

E*

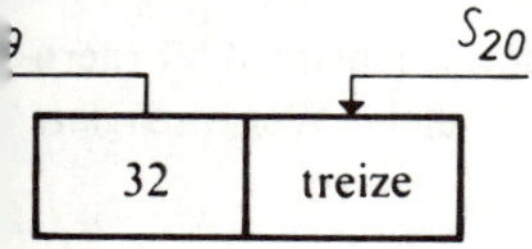

F

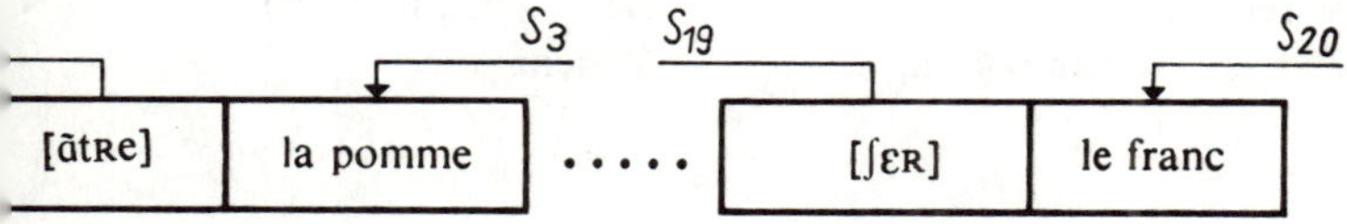

80 Quartett

Für das Spiel werden mindestens 32 Spielkarten benötigt, von denen jeweils 4 ein Quartett bilden. Es wird nach den bekannten Quartett-Spielregeln gespielt.

Für die Gestaltung des Spiels bieten sich folgende Möglichkeiten an:

1. Die Karten eines Quartetts enthalten Abbildungen von vier verschiedenen, zu einer Sachgruppe gehörenden Gegenständen. Es sollte sich dabei um Gegenstände handeln, die man nehmen bzw. geben kann, damit die Spieler die entsprechenden Wörter in sinnvollen Sätzen verwenden können. Über dem Bild stehen die Bezeichnung der Sachgruppe und die Bezeichnung des abgebildeten Gegenstandes, darunter die Bezeichnungen der drei dazugehörigen Gegenstände.

Beispiele:

R*

Подарки

3. книга

1. сумка

2. пластинка

4. матрёшка

E

Something to drink

1. a bottle of milk

2. a cup of coffee
3. a glass of beer
4. a tin of juice

F*

Vêtements

2. une veste

1. un pantalon

3. une robe

4. un manteau

Der Spielleiter kann festlegen, welche Wendungen beim Abfordern der Karten verwendet werden sollen und auf welche Weise reagiert wird, z. B.:

У тебя есть ...?
Дай мне, пожалуйста, ...

Вот (тебе), пожалуйста, ...
У меня нет ...

Can you give me ..., please?
Give me ..., please.
I'd like to have ... .

Here you are./Certainly.
I'm sorry, I can't./
What a pity.
I haven't got it.

Je voudrais ...
Donne-moi ..., s'il te plaît.
Tu me donnes ...?

Tiens ... . Voilà.
Je regrette, je n'ai pas de ...

2. Auf der Spielkarte kann auch durch einen Satz eine Situation angedeutet werden, aus der sich die Frage nach dem gewünschten Gegenstand ergibt.

Beispiele:

R*

Подарки

2. книги

Я хочу купить подарок.
Дай (-те) мне, пожалуйста,
1. матрёшку
3. вазу
4. конфеты

E*

Making a cake

3. butter

If I had some
1. sugar
2. eggs
4. milk
I'd make a cake.
Can you give me some?

F*

Un pique-nique

4. un ballon

On voudrait faire un pique-nique.
Donne-moi, s'il te plaît,
1. du gâteau
2. du pain
3. des pommes

Anhang

Verzeichnis spieltypischer Wendungen

Stichwortverzeichnis

Literaturverzeichnis

Verzeichnis spieltypischer Wendungen

1. Löse ihn/sie ab!	1. Замени его/её.
2. Tauscht eure Plätze!	2. Поменяйтесь местами.
3. Stellt euch in einer Linie auf!	3. Выстройтесь в одну линию.
4. Du mußt aus dem Spiel ausscheiden!	4. Ты выбываешь из игры.
5. Verlaß bitte den Klassenraum!	5. Выйди из класса.
6. Bildet einen Kreis!	6. Встаньте в круг.
7. Setzt euch im Kreis hin!	7. Сядьте в круг.
8. Komm in die Mitte!	8. Выйди на середину.
9. Dreht euch um!	9. Отвернитесь.
10. Dreht die Flasche!	10. Поверните бутылку.
11. Stellt euch mit dem Gesicht zur Klasse/zur Tafel!	11. Станьте лицом к классу/к доске.
12. Streicht die Zahlen/Buchstaben aus!	12. Зачеркните числа/буквы.
13. Versteckt ... im Klassenraum!	13. Спрячьте ... в классе.
14. Tauscht eure Karten/... aus!	14. Обменяйтесь карточками/...
15. Wählt eine Karte/einen Zettel/ein Wort aus!	15. Выберите карточку/листок/слово.
16. Merkt euch Zahlen/Gegenstände/Wörter!	16. Запомните числа/предметы/слова.
17. Nennt die Zahlen!	17. Назовите числа.
18. Vergleicht die Zahlen/Wörter/Bilder/ ... mit denen auf euren Karten!	18. Сравните числа/слова/рисунки с числами/словами/рисунками на ваших карточках.

1. Take his/her place.	1. Prends sa place.
2. Change your places.	2. Changez de place.
3. Line up.	3. Alignez-vous.
4. You are out.	4. Tu es éliminé.
5. Go outside, please.	5. Sors de la salle de classe, s'il te plaît.
6. Form a circle/a ring.	6. Formez un cercle.
7. Sit in a circle.	7. Asseyez-vous en cercle/en rond.
8. Come into the centre (into the middle).	8. Viens au milieu.
9. Turn round.	9. Retournez-vous.
10. Spin the bottle.	10. Faites tourner la bouteille.
11. Face the class/ the blackboard.	11. Mettez-vous face à la classe/au tableau.
12. Cross out the numbers/letters.	12. Barrez les nombres/les lettres.
13. Hide ... in the classroom.	13. Cachez ... dans la salle de classe.
14. Change (swop) your cards/...	14. Echangez vos cartes/...
15. Choose a card/ a slip of paper/a word.	15. Choisissez une carte/ un papier/un mot.
16. Remember the numbers/ the objects/the words.	16. Retenez des nombres/ des objets/des mots.
17. Call out the numbers.	17. Dites les nombres.
18. Compare the numbers/ the words/the pictures/ ... with those on your cards.	18. Comparez les nombres/ mots/images/... avec ceux de vos cartes.

19. Ordnet/Verteilt die Karten!	19. Расположите по порядку/ Раздайте карточки.
20. Hebt die Karten hoch!	20. Поднимите карточки.
21. Sammelt die Karten ein!	21. Соберите карточки.
22. Findet die richtige Reihenfolge heraus!	22. Определите порядок.
23. Welches Bild paßt zur Geschichte?	23. Какой рисунок подходит к рассказу?
24. Schreibt auf/Sagt, was ihr behalten habt.	24. Напишите/Скажите, что вы запомнили.
25. Zählt bis ...!	25. Считайте до ...
26. Beginnt auf mein Zeichen hin!	26. Начните по моему знаку.
27. Du bist der Spielleiter.	27. Ты ведущий (-ая).
28. Wir bilden zwei/drei Mannschaften.	28. Мы разобьёмся на две/три команды.
29. Sieger ist die Mannschaft, die die kürzeste Zeit braucht/ die die wenigsten Fehler macht.	29. Победившей считается команда, выполнившая задание за самое короткое время/сделавшая меньше ошибок.
30. Wer erster ist, hat gewonnen/bekommt einen Punkt.	30. Выигрывает/получает балл тот, кто выполнил задание первым.
31. Jetzt bist du dran.	31. Теперь твоя очередь.
32. Wer ist fertig?	32. Кто готов?
33. Wie steht das Spiel?	33. Какой счёт?

19. Arrange/Distribute the cards.	19. Mettez les cartes dans l'ordre./Distribuez les cartes.
20. Hold up the cards.	20. Levez les cartes.
21. Collect the cards.	21. Ramassez les cartes.
22. Put in the correct order.	22. Mettez dans l'ordre.
23. Which picture fits the story?	23. Quelle image va avec l'histoire?
24. Write down/Say what you remember.	24. Notez/Dites çe que vous avez retenu.
25. Count up to ...	25. Comptez jusqu'à ...
26. Start when I give the signal.	26. Commencez quand je vous donne le signal.
27. You are the game leader.	27. Tu es le meneur de jeu.
28. Let's form two/three teams.	28. On va former deux/trois équipes.
29. The team that is quickest/makes the fewest mistakes is the winner.	29. L'équipe gagnante est celle qui met le moins de temps/qui fait le moins de fautes.
30. The first one is the winner/scores a point.	30. Le premier a gagné/a un point.
31. It is your turn.	31. Maintenant, c'est à toi.
32. Who finished first?	32. Qui est-ce qui a fini?
33. What's the score?	33. Quel est le score?

Stichwortverzeichnis

Vorbemerkung: Spiele, die für alle Sprachen genutzt werden können, sind nicht durch **R, E** oder **F** gekennzeichnet.

Übersicht über Themen und Tätigkeiten

Übersicht über sprachliche Erscheinungen

Literaturverzeichnis

Byrne, D., Rixon, S.: Communication Games. A teaching aid devised by the English Language Teaching Institute.
The British Council 1979.

Lee, W. R.: Language Teaching Games and Contests.
Oxford University Press, Second impression 1980.

Rivers, W. M., Temperly, M. S.: A practical guide to the teaching of English as a second language.
Oxford University Press, New York 1978.

Родкин, К. А., Соловьёва, Т. А.: Игры на английском языке для средней школы.
Учпедгиз, Москва 1960.
Ройтенберг, Ф. Е., Есельсон, М. О.: Lire et parler.
Военное издательство Министерства обороны СССР, Москва 1969.

Schibor, D.: Die pädagogisch-methodische Gestaltung von außerunterrichtlichen Fremdsprachenzirkeln auf der Elementarstufe der Sprachbeherrschung.
Dissertation (A), Berlin 1966.

Zeitschriftenartikel aus:

„Fremdsprachenunterricht".
Volk und Wissen Verlag, Berlin.

1/1975	*Apelt, W., Bunselmeyer, R.:* Sprachspiele im Fremdsprachenunterricht
1/1978 und 2–3/1978	*Borgwardt, U.:* Übungsformen mit Spiel-, Rätsel- und Wettkampfcharakter im Russischunterricht (1) (2)
9/1967	*Fritsch, I.:* Spiele und Wettbewerbe als Mittel zur Kenntnisaktivierung und zur Fertigkeitsentwicklung
11/1977	*Huybrechts, I.:* Zur Verwendung von Lernspielen im Französischunterricht

1/1961	*Stelzig, E.:* Zur Anwendung von Spiel- und Wettkampfformen im Russischunterricht
12/1980	*Weichert, I.:* Lernspiele – eine Form der Wiederholung

«Иностранные языки в школе».
Издательство «Просвещение», Москва.

5/1981	*Верхогляд, В. А.:* Игры на английском языке для внеклассной работы
6/1980	*Димент, А. Л., Сидорова, М. В.:* Игры на уроках английского языка и внеклассных занятиях
1/1979	*Мануэльян, Ж. И.:* Игры при обучении английскому языку в VII–X классах
1/1980	*Равинская, С. В.:* Игры как средство обучения
2/1981	*Степнова, И. С.:* Игры в обучении английскому языку
1/1979	*Стронин, М. Ф.:* Игра как средство обучения
3/1981	*Турчина, Б. И.:* Игры на французском языке
3/1979	*Утевская, Н. Л.:* Игры на английском языке